NOUVELLE BIBLIOTHÈQUE CLASSIQUE
DES ÉDITIONS JOUAUST

LES

PASTORALES DE LONGUS

OU

DAPHNIS ET CHLOÉ

TRADUCTION D'AMYOT

REVUE ET COMPLÉTÉE PAR P.-L. COURIER

ACCOMPAGNÉE D'UN GLOSSAIRE DES MOTS DIFFICILES

PAR

PIERRE JANNET

PARIS

LIBRAIRIE DES BIBLIOPHILES

E. FLAMMARION, SUCCESSEUR

26, Rue Racine, 26

7790. — Paris. — Imp. Hemmerlé, Petit et Cie. 9-1926

DAPHNIS ET CHLOÉ

1186

θ°y²
71467

LES

PASTORALES DE LONGUS

ou

DAPHNIS ET CHLOÉ

TRADUCTION D'AMYOT

REVUE ET COMPLÉTÉE PAR P.-L. COURIER

ACCOMPAGNÉE D'UN GLOSSAIRE DES MOTS DIFFICILES

PAR

PIERRE JANNET

IOV AVST

LIBRAIRIE DES BIBLIOPHILES

E. FLAMMARION, SUCCESSEUR

26, Rue Racine, PARIS

AVERTISSEMENT

———

Sur Longus, il n'y a rien à dire. Sur son livre et sur la traduction d'Amyot, la *Préface du traducteur* donne tous les renseignements désirables.

C'est en 1807 que Paul-Louis Courier découvrit dans la Bibliothèque Laurentienne, à Florence, un manuscrit des Pastorales de Longus contenant un passage assez long resté jusqu'alors inconnu. Plus tard, il transcrivit ce fragment, et, en 1810, il fit imprimer à Rome une édition complète du texte grec, qui ne fut tirée qu'à cinquante-deux exemplaires. La même année, il fit imprimer à Florence, à soixante exemplaires, la version d'Amyot, dans laquelle il avait introduit une traduction

du fragment nouvellement découvert, faite par
lui dans le style du premier traducteur.

En 1813, il publia chez Firmin Didot une
« traduction complette d'après le texte grec
des meilleurs manuscrits ». Dans cette traduction, il avait conservé autant qu'il l'avait
pu celle d'Amyot.

Cette traduction, revue et corrigée, reparut
en 1821, in-8, chez Alexandre Corréard, le
naufragé de la *Méduse*, le libraire de l'opposition bonapartisto-libérale ; puis, en 1825,
in-16, dans la *Collection des Romans grecs*
publiée par Merlin.

C'est l'édition de 1825, la dernière revue
par Courier, qu'on reproduit ici.

En transcrivant le fragment inédit de Florence, Courier eut le malheur de faire sur ce
fragment une tache d'encre qui couvrait une
vingtaine de mots. Cet accident fut l'occasion
d'une polémique violente, dans laquelle on
vit intervenir des personnages qu'on est bien
étonné de voir mêlés à cette affaire. Courier
expliqua les faits dans une *Lettre à M. Re-
nouard*, qu'on a souvent réimprimée. Ce que
je ne puis me lasser d'admirer, c'est que cette
lettre, dirigée uniquement contre le gouver-
nement de l'Empire, fit vendre cinq éditions
de *Daphnis et Chloé* dans le courant de l'an-

née 1821. E à vérité, l'opposition de ce temps-
là était singulièrement intelligente ! Je ne re-
produis pas cette lettre. Elle peut figurer avec
honneur dans une collection des pamphlets de
Paul-Louis Courier, mais il n'y a plus aucune
raison pour la joindre à une édition de Longus.
D'ailleurs on la trouve partout.

Plusieurs éditions du Longus de Courier
sont suivies de notes sur les variantes du texte
grec, sur les erreurs d'Amyot et sur les amé-
liorations que Courier a introduites dans sa
traduction. J'ai cru devoir écarter aussi ces
notes, intéressantes seulement pour les hellé-
nistes.

Ce qu'on offre ici au public, c'est donc tout
simplement le roman de Longus dans la
meilleure traduction française. Tout ce qu'on
a cru pouvoir y joindre, c'est un glossaire des
mots difficiles, dans lequel on a intercalé un
index des noms géographiques et mytholo-
giques. Ce petit travail, qui n'avait pas encore
été fait, pourra n'être pas tout à fait dépourvu
d'utilité.

P. JANNET.

PREFACE DU TRADUCTEUR

LA version faite par Amyot des Pastorales de Longus, bien que remplie d'agrément, comme tout le monde sait, est incomplète et inexacte; non qu'il ait eu dessein de s'écarter en rien du texte de l'auteur; mais c'est que d'abord il n'eut point l'ouvrage grec entier, dont il n'y avoit en ce temps-là que des copies fort mutilées. Car tous les anciens manuscrits de Longus ont des lacunes et des fautes considérables, et ce n'est que depuis peu qu'en en comparant plusieurs, on est parvenu à suppléer l'un par l'autre, et à donner de cet auteur un texte lisible. Puis, Amyot, lorsqu'il entreprit cette traduction, qui fut de ses premiers ouvrages, n'étoit pas aussi habile qu'il le devint dans la suite, et cela se voit en beaucoup d'endroits où il ne rend point le sens de l'auteur, par-tout assez clair et facile, faute de l'avoir entendu. Il y a aussi des passages qu'il a entendus et n'a point voulu traduire. Enfin, il a fait ce travail avec une grande négligence, et tombe à tous coups dans des fautes que le moindre degré d'attention lui eût épargnées. De sorte qu'à vrai dire,

il s'en faut de beaucoup qu'Amyot n'ait donné en
françois le roman de Longus ; car ce qu'il en a omis
exprès, ou pour ne l'avoir point trouvé dans son
manuscrit, avec ce qu'il a mal rendu par erreur
ou autrement, fait en somme plus de la moitié
du texte de l'auteur, dont sa version ne représente que certaines parties, des phrases, des mor-
ceaux bien traduits parmi beaucoup de contre-sens,
et quelques passages rendus avec tant de grâce
et de précision, qu'il ne se peut rien de mieux.
Aussi s'est-on appliqué à conserver avec soin dans
cette nouvelle traduction jusqu'aux moindres traits
d'Amyot conformes à l'original, en suppléant le
reste d'après le texte tel que nous l'avons aujour-
d'hui, et il semble que c'étoit là tout ce qui se
pouvoit faire. Car de vouloir dire en d'autres
termes ce qu'il avoit si heureusement exprimé dans
sa traduction, cela n'eût pas été raisonnable, non
plus que d'y respecter ces longues traînées de
langage, comme dit Montaigne, dans lesquelles,
croyant développer la pensée de son auteur, car il
n'eut jamais d'autre but, il dit quelquefois tout le
contraire, ou même ne dit rien du tout. Si quelques personnes toutefois n'approuvent pas qu'on
ose toucher à cette version, depuis si longtemps
admirée comme un modèle de grâce et de naïveté,
on les prie de considérer que, telle qu'Amyot l'a
donnée, personne ne la lit maintenant. Le Longus
d'Amyot, imprimé une seule fois, il y a plus de
deux siècles, n'a reparu depuis qu'avec une foule
de corrections et des pages entières de supplé-
ments, ouvrage des nouveaux éditeurs, qui, pour

en remplir les lacunes et remédier aux contre-sens les plus palpables d'Amyot, se sont aidés comme ils ont pu d'une faible version latine, et ainsi ont fait quelque chose qui n'est ni Longus ni Amyot. C'est là ce qu'on lit aujourd'hui. Le projet n'est donc pas nouveau de retoucher la version d'A-myot; et si on le passe à ceux-là qui n'ont pu avoir nulle idée de l'original, en fera-t-on un crime à quelqu'un qui, voyant les fautes d'Amyot chan-gées plutôt que corrigées par ses éditeurs, aura entrepris de rétablir dans cette traduction, avec le vrai sens de l'auteur, les belles et naïves expres-sions de son interprète? Un ouvrage, une compo-sition, une œuvre créée, ne se peut finir ni retou-cher que par celui qui l'a conçue; mais il n'en va pas ainsi d'une traduction, quelque belle qu'elle soit; et cette Vénus qu'Apelle laissa imparfaite, on auroit pu la terminer, si c'eût été une copie, et la corriger même d'après l'original.

Nous ne savons rien de l'auteur de ce petit ro-man : son nom même n'est pas bien connu. On le trouve diversement écrit en tête des vieux exemplaires, et il n'en est fait nulle mention dans les notices que Suidas et Photius nous ont lais-sées de beaucoup d'anciens écrivains : silence d'autant plus surprenant, qu'ils n'ont pas négligé de nommer de froids imitateurs de Longus, tels qu'Achilles Tatius et Xénophon d'Éphèse. Ceux-ci, contrefaisant son style, copiant toutes ses phrases et ses façons de dire, témoignent assez en quelle estime il étoit de leur temps. On n'imite guère que ce qui est généralement approuvé. Nicétas

Eugénianus, dont l'ouvrage se trouve dans quelques bibliothèques, n'a presque fait que mettre en vers la prose de Longus. Mais le plus malheureux de tous ceux qui ont tenté de s'approprier son langage et ses expressions, c'est Eumathius, l'auteur du roman des Amours d'Ismène et d'Isménias. Quant à Héliodore, ce qu'il a de commun avec notre auteur se réduit à quelques traits qu'ils ont pu puiser aux mêmes sources, et ne suffit pas pour prouver que l'un d'eux ait imité l'autre. Quoi qu'il en soit, on voit que le style de Longus a servi de modèle à la plupart de ceux qui ont écrit en grec de ces sortes de fables que nous appelons romans. Il avoit lui-même imité d'autres écrivains plus anciens. On ne peut douter qu'il n'ait pris des poëtes érotiques, qui étoient en nombre infini, et de la nouvelle Comédie, ainsi qu'on l'appeloit, la disposition de son sujet, et beaucoup de détails, dont même quelques-uns se reconnoissent encore dans les fragments de Ménandre et des autres comiques. Il a su choisir avec goût et unir habilement tous ces matériaux, pour en composer un récit où la grâce de l'expression et la naïveté des peintures se font admirer dans l'extrême simplicité du sujet. Aussi aura-t-on peine à croire qu'un tel ouvrage ait pu paroître au milieu de la barbarie du siècle de Théodose, ou même plus tard, comme quelques savants l'ont conjecturé.

LIVRE PREMIER

En l'île de Lesbos chassant, dans un bois consacré aux Nymphes je vis la plus belle chose que j'aie vue en ma vie, une image peinte, une histoire d'amour. Le parc, de soi-même, étoit beau; fleurs n'y manquoient, arbres épais, fraîche fontaine qui nourrissoit et les arbres et les fleurs; mais la peinture, plus plaisante encore que tout le reste, étoit d'un sujet amoureux et de merveilleux artifice; tellement que plusieurs, même étrangers, qui en avoient ouï parler, venoient là, dévots aux Nymphes, et curieux de voir cette peinture. Femmes s'y voyoient accouchant, autres envelop-

pant de langes des enfants; de petits pou-
pards exposés à la merci de fortune; bêtes
qui les nourrissoient, pâtres qui les enle-
voient; jeunes gens unis par amour; des
pirates en mer, des ennemis à terre qui
couroient le pays, avec bien d'autres choses,
et toutes amoureuses, lesquelles je regardai
en si grand plaisir, et les trouvai si belles,
qu'il me prit envie de les coucher par écrit.
Si cherchai quelqu'un qui me les donnât à
entendre par le menu, et ayant le tout entendu, en composai ces quatre livres, que
je dédie comme une offrande à Amour, aux
Nymphes et à Pan, espérant que le conte
en sera agréable à plusieurs manières de
gens, pour ce qu'il peut servir à guérir le
malade, consoler le dolent, remettre en mémoire de ses amours celui qui autrefois aura
été amoureux, et instruire celui qui ne
l'aura encore point été. Car jamais ne fut
ni ne sera qui se puisse tenir d'aimer, tant
qu'il y aura beauté au monde, et que les
yeux regarderont. Nous-mêmes, veuille le
Dieu que sages puissions ici parler des autres!

Mitylène est ville de Lesbos, belle et
grande, coupée de canaux par l'eau de la
mer qui flue dedans et tout à l'entour, ornée de ponts de pierre blanche et polie; à

voir, vous diriez non une ville, mais comme
un amas de petites îles. Environ huit ou
neuf lieues loin de cette ville de Mitylène,
un riche homme avoit une terre : plus bel
héritage n'étoit en toute la contrée; bois
remplis de gibier, coteaux revêtus de vignes, champs à porter froment, pâturages
pour le bétail, et le tout au long de la marine, où le flot lavoit une plage étendue de
sable fin.

En cette terre un chevrier nommé Lamon, gardant son troupeau, trouva un petit enfant qu'une de ses chèvres allaitoit,
et voici la manière comment. Il y avoit un
hallier fort épais de ronces et d'épines, tout
couvert par-dessus de lierre, et au-dessous,
la terre feutrée d'herbe menue et délicate,
sur laquelle étoit le petit enfant gisant. Là
s'en couroit cette chèvre, de sorte que bien
souvent on ne savoit ce qu'elle devenoit, et
abandonnant son chevreau, se tenoit auprès de l'enfant. Pitié vint à Lamon du
chevreau délaissé. Un jour il prend garde
par où elle alloit; sur le chaud du midi, la
suivant à la trace, il voit comme elle entroit
sous le hallier doucement et passoit ses
pattes tout beau par-dessus l'enfant, peur
de lui faire mal; et l'enfant prenoit à belles
mains son pis comme si c'eût été mamelle

de nourrice. Surpris, ainsi qu'on peut penser, il approche, et trouve que c'étoit un
petit garçon, beau, bien fait, et en plus
riche maillot que convenir ne sembloit à
tel abandon; car il étoit enveloppé d'un
mantelet de pourpre avec une agrafe d'or;
près de lui avoit un petit couteau à manche
d'ivoire.

Si fut entre deux d'emporter ces enseignes de reconnoissance, sans autrement se
soucier de l'enfant; puis, ayant honte de ne
se montrer du moins aussi humain que sa
chèvre, quand la nuit fut venue il prend
tout, et les joyaux, et l'enfant et la chèvre,
qu'il conduisit à sa femme Myrtale, laquelle,
ébahie, s'écria si à cette heure les chèvres
faisoient de petits garçons. Et Lamon lui
conta tout, comme il l'avoit trouvé gisant
et la chèvre le nourrissant, et comment il
avoit eu honte de le laisser périr. Elle fut
bien d'avis que vraiment il ne l'avoit pas
dû faire; et tous deux d'accord de l'élever,
ils serrèrent ce qui s'étoit trouvé quant et
lui, disant par-tout qu'il est à eux; et afin
que le nom même sentît mieux son pasteur,
l'appelèrent Daphnis.

A quelque deux ans de là, un berger des
environs, qui avoit nom Dryas, vit une
toute pareille chose et trouva semblable

aventure. Un antre étoit en ce canton, qu'on appeloit l'antre des Nymphes, grande et grosse roche creuse par le dedans, toute ronde par le dehors, et dedans y avoit les figures des Nymphes, taillées de pierre, les pieds sans chaussures, les bras nus jusques aux épaules, les cheveux épars autour du col, ceintes sur les reins, toutes ayant le visage riant et la contenance telle comme si elles eussent ballé ensemble. Du milieu de la roche et du plus creux de l'antre sourdoit une fontaine, dont l'eau, qui s'épandoit en forme de bassin, nourrissoit là au devant une herbe fraîche et touffue, et s'écouloit à travers le beau pré verdoyant. On voyoit attachées au roc force seilles à traire le lait, force flûtes et chalumeaux, offrandes des anciens pasteurs.

En cette caverne une brebis, qui naguères avoit agnelé, alloit si souvent, que le berger la crut perdue plus d'une fois. La voulant châtier, afin qu'elle demeurât au troupeau, comme devant, à paître avec les aut. :l coupe un scion de franc osier, dont il fit un collet en manière de lacs courant, et s'en venoit pour l'attraper au creux du rocher. Mais quand il y fut, il trouva autre chose: il voit la brebis donner son pis à un enfant, avec amour et douceur telles que mère au-

tiement n'eût su faire; et l'enfant, de sa
petite bouche belle et nette, pource que la
brebis lui léchoit le visage après qu'étoit
saoul de tetter, prenoit sans un seul cri
puis l'un puis l'autre bout du pis, de grand
appétit. Cet enfant étoit une fille, et avec
elle aussi, pour marques à la pouvoir un
jour connoître, on avoit laissé une coiffe de
réseau d'or, des patins dorés et des chaus-
settes brodées d'or.

Dryas, estimant cette rencontre venir
expressément des Dieux, et instruit à la
pitié par l'exemple de sa brebis, enlève l'enfant dans ses bras, met les joyaux dans son
bissac, non sans faire prière aux Nymphes
qu'à bonne heure pût-il élever leur pauvre
petite suppliante; puis, quand vint l'heure
de remener son troupeau au tect, retournant au lieu de sa demeurance champêtre,
conte à sa femme ce qu'il avoit vu. lui
montre ce qu'il avoit trouvé, disant qu'elle
ne feroit que bien si elle vouloit de là en
avant tenir cet enfant pour sa fille, et
comme sienne la nourrir, sans rien dire de
telle aventure. Napé, c'étoit le nom de la
bergère, Napé, de ce moment, fut mère à
la petite créature, et tant l'aima qu'elle paroissoit proprement jalouse de surpasser en
cela sa brebis, qui toujours l'allaitoit de

son pis : et pour mieux faire croire qu'elle fût sienne, lui donna aussi un nom pastoral, la nommant Chloé.

Ces deux enfants en peu de temps devinrent grands, et d'une beauté qui sembloit autre que rustique. Et sur le point que l'un fut parvenu à l'âge de quinze ans, et l'autre de deux moins, Lamon et Dryas en une même nuit songèrent tous deux un tel songe: Il leur fut avis que les Nymphes, celles-là mêmes de l'antre où étoit cette fontaine, et où Dryas avoit trouvé la petite fille, livroient Dapnis et Chloé aux mains d'un jeune garçonnet fort vif et beau à merveille, qui avoit des ailes aux épaules, portoit un petit arc et de petites flèches, et, les ayant touchés tous deux d'une même flèche, commandoit à l'un paître de là en avant les chèvres, et à l'autre les brebis. Telle vision aux bons pasteurs présageant le sort à venir de leurs nourrissons, bien leur fâchoit qu'ils fussent aussi destinés à garder les bêtes. Car jusque là ils avoient cru que les marques trouvées quant et eux leur promettoient meilleure fortune, et aussi les avoient élevés plus délicatement qu'on ne fait les enfants des bergers, leur faisant apprendre les lettres, et tout le bien et honneur qui se pouvoit en un lieu cham-

pêtre; si résolurent toutefois d'obéir aux
Dieux touchant l'état de ceux qui par leur
providence avoient été sauvés, et, après
avoir communiqué leurs songes ensemble,
et sacrifié en la caverne à ce jeune garçonnet qui avoit des ailes aux épaules (car ils
n'en eussent su dire le nom), les envoyèrent
aux champs, leur enseignant toutes choses
que bergers doivent sçavoir, comment il
faut faire paître les bêtes avant midi, et
comment après que le chaud est passé; à
quelle heure convient les mener boire, à
quelle heure les ramener au tect; à quoi il
est besoin user de la houlette, à quoi de la
voix seulement. Eux prirent cette charge
avec autant de joie comme si c'eût été quelque grande seigneurie, et aimoient leurs
chèvres et brebis trop plus affectueusement
que n'est la coutume des bergers, pour ce
qu'elle se sentoit tenue de la vie à une brebis, et lui de sa part se souvenoit qu'une
chèvre l'avoit nourri.

Or étoit-il lors environ le commencement
du printemps, que toutes fleurs sont en
vigueur, celles des bois, celles des prés, et
celles des montagnes. Aussi jà commençoit
à s'ouïr par les champs bourdonnement
d'abeilles, gazouillement d'oiseaux, béle-
ment d'agneaux nouveau nés. Les trou-

peaux bondissoient sur les collines, les
mouches à miel murmuroient par les prairies, les oiseaux faisoient résonner les
buissons de leur chant. Toutes choses adonc
faisant bien leur devoir de s'égayer à la
saison nouvelle, eux aussi, tendres, jeunes
d'âge, se mirent à imiter ce qu'ils entendoient et voyoient. Car entendant chanter les
oiseaux, ils chantoient; voyant bondir les
agneaux, ils sautoient à l'envi; et, comme
les abeilles, alloient cueillant des fleurs,
dont ils jetoient les unes dans leur sein, et
des autres arrangeoient des chapelets pour
les Nymphes; et toujours se tenoient ensemble, toute besogne faisoient en commun,
paissant leurs troupeaux l'un près de l'autre.
Souventes fois Daphnis alloit faire revenir
les brebis de Chloé, qui s'étoient un peu
loin écartées du troupeau; souvent Chloé
retenoit les chèvres trop hardies voulant
monter au plus haut des rochers droits et
coupés; quelquefois l'un tout seul gardoit
les deux troupeaux, pendant le temps que
l'autre vaquoit à quelque jeu. Leurs jeux
étoient jeux de bergers et d'enfants. Elle,
s'en allant dès le matin cueillir quelque
part du menu jonc, en faisoit une cage à
cigale, et cependant ne se soucioit aucunement de son troupeau; lui d'autre côté,

ayant coupé des roseaux, en pertuisoit les
jointures, puis les colloit ensemble avec de
la cire molle, et s'apprenoit à en jouer bien
souvent jusques à la nuit. Quelquefois ils
partageoient ensemble leur lait ou leur vin,
et de tous vivres qu'ils avoient portés du
logis se faisoient part l'un à l'autre. Bref,
on eût plutôt vu les brebis dispersées paissant chacune à part, que l'un de l'autre sé-
parés, Daphnis et Chloé.

Or, parmi tels jeux enfantins, Amour
leur voulut donner du souci. En ces quar-
tiers y avoit une louve, laquelle ayant naguères louveté, ravissoit des autres troupeaux de la proie à foison, dont elle nourrissoit ses louveteaux; et pour ce, gens
assemblés des villages d'alentour faisoient
la nuit des fosses d'une brasse de largeur
et quatre de profondeur, et la terre qu'ils
en tiroient, non toute, mais la plupart, l'é-
pandoient au loin; puis étendant sur l'ou-
verture des verges longues et grêles, les
couvroient en semant par-dessus le demeurant de la terre, afin que la place parût
toute plaine et unie comme devant, en
sorte que s'il n'eût passé par-dessus qu'un
lièvre en courant, il eût rompu les verges,
qui étoient, par manière de dire, plus foi-
bles que brins de paille, et lors eût-on bien

vu que ce n'étoit point terre ferme, mais une feinte seulement. Ayant fait plusieurs telles fosses en la montagne et en la plaine, ils ne purent prendre la louve, car elle sentit l'embûche, mais furent cause que plusieurs chèvres et brebis périrent, et presque Daphnis lui-même, par tel inconvénient:

Deux boucs s'échauffèrent de jalousie à cosser l'un contre l'autre, et si rudement se heurtèrent que la corne de l'un fut rompue   de quoi sentant grande douleur celui qui étoit écorné, se mit en bramant à fuir, et le victorieux à le poursuivre, sans le vouloir laisser en paix. Daphnis fut marri de voir ce bouc mutilé de sa corne; et, se courrouçant à l'autre, qui encore n'étoit content de l'avoir ainsi laidement accoutré, si prend en son poing sa houlette et s'en court après ce poursuivant. De cette façon, le bouc fuyant les coups, et lui le poursuivant en courroux, guères ne regardoient devant eux; et tous deux tombèrent dans un de ces piéges, le bouc le premier et Daphnis après, ce qui l'engarda de se faire mal, pour ce que le bouc soutint sa chute. Or au fond de cette fosse, il attendoit si quelqu'un viendroit point l'en retirer et pleuroit. Chloé ayant de loin vu son accident, accourt, et voyant qu'il étoit en vie,

s'en va vite appeler au secours un bouvier
de là auprès. Le bouvier vint ; il eût bien
voulu avoir une corde à lui tendre, mais
ils n'en trouvèrent brin. Par quoi Chloé,
déliant le cordon qui entourait ses cheveux,
le donne au bouvier, lequel en dévale un
bout à Daphnis, et tenant l'autre avec
Chloé, tant firent-ils eux deux en tirant de
dessus le bord de la fosse, et lui en s'aidant
et grimpant du mieux qu'il pouvoit, que
finablement ils le mirent hors du piége.
Puis retirant par le même moyen le bouc,
dont les cornes en tombant s'étoient rom-
pues toutes deux (tant le vaincu avoit été
bien et promptement vengé), ils en firent
don au bouvier pour sa récompense, et
entre eux convinrent de dire au logis, si
on le demandoit, que le loup l'avoit emporté.

Revenus ensuite à leurs troupeaux, les
ayant trouvés qui paissoient tranquille-
ment et en bon ordre, chèvres et brebis, ils
s'assirent au pied d'un chêne, et regardè-
rent si Daphnis étoit point quelque part
blessé. Il n'y avoit en tout son corps trace
de sang ni mal quelconque, mais bien de
la terre et de la boue parmi ses cheveux et
sur lui. Si délibéra de se laver, afin que
Lamon et Myrtale ne s'aperçussent de rien.

Venant donc avec Chloé à la caverne des Nymphes, il lui donna sa pannetière et son sayon à garder, et se mit au bord de la fontaine à laver ses cheveux et son corps.

Ses cheveux étoient noirs comme ébène, tombant sur son col bruni par le hâle; on eût dit que c'étoit leur ombre qui en obscurcissoit la teinte. Chloé le regardoit, et lors elle s'avisa que Daphnis étoit beau; et comme elle ne l'avoit point jusque-là trouvé beau, elle s'imagina que le bain lui donnoit cette beauté. Elle lui lava le dos et les épaules, et en le lavant sa peau lui sembla si fine et si douce, que plus d'une fois, sans qu'il en vît rien, elle se toucha elle-même, doutant à part soi qui des deux avoit le corps plus délicat. Comme il se faisoit tard pour lors, étant déjà le soleil bien bas, ils ramenèrent leurs bétes aux étables, et de là en avant Chloé n'eut plus autre chose en l'idée que de revoir Daphnis se baigner. Quand ils furent le lendemain de retour au pâturage, Daphnis, assis sous le chêne à son ordinaire, jouoit de la flûte et regardoit ses chèvres couchées, qui sembloient prendre plaisir à si douce mélodie. Chloé pareillement, assise auprès de lui, voyoit paître ses brebis; mais plus souvent elle avoit les yeux sur Daphnis jouant de la

flûte, et alors aussi elle le trouvoit beau;
et pensant que ce fût la musique qui le faisoit paroître ainsi, elle prenoit la flûte après
lui, pour voir d'être belle comme lui. Enfin, elle voulut qu'il se baignât encore, et
pendant qu'il se baignoit elle le voyoit tout
nu, et le voyant elle ne se pouvoit tenir
de le toucher; puis le soir, retournant au
logis, elle pensoit à Daphnis nu, et ce pen-
ser-là étoit commencement d'amour. Bientôt elle n'eut plus souci ni souvenir de rien
que de Daphnis, et de rien ne parloit que
de lui. Ce qu'elle éprouvoit, elle n'eût su
dire ce que c'étoit, simple fille nourrie aux
champs, et n'ayant ouï en sa vie le nom
seulement d'amour. Son âme étoit oppres-
sée; malgré elle bien souvent ses yeux s'em-
plissoient de larmes Elle passoit les jours sans
prendre de nourriture, les nuits sans trouver de sommeil : elle rioit et puis pleuroit;
elle s'endormoit et aussitôt se réveilloit en
sursaut; elle pâlissoit et au même instant
son visage se coloroit de feu. La génisse
piquée du taon n'est point si follement
agitée. De fois à autre elle tomboit en
une sorte de rêverie, et toute seulette dis-
couroit ainsi : « A cette heure je suis ma-
« lade, et ne sais quel est mon mal. Je
« souffre, et n'ai point de blessure. Je m'af-

« flige, et si n'ai perdu pas une de mes
« brebis. Je brûle, assise sous une ombre
« si épaisse. Combien de fois les ronces
« m'ont égratignée, et je ne pleurois pas !
« Combien d'abeilles m'ont piquée de leur
« aiguillon, et j'en étois bientôt guérie ! Il
« faut donc dire que ce qui m'atteint au cœur
« cette fois est plus poignant que tout cela.
« De vrai, Daphnis est beau, mais il ne l'est
« pas seul. Ses joues sont vermeilles, aussi
« sont les fleurs; il chante, aussi font les
« oiseaux; pourtant quand j'ai vu les fleurs
« ou entendu les oiseaux, je n'y pense plus
« après. Ah! que ne suis-je sa flûte, pour
« toucher ses lèvres ! que ne suis-je son petit
« chevreau, pour qu'il me prenne dans ses
« bras ! O méchante fontaine qui l'as rendu
« si beau, ne peux-tu m'embellir aussi ? O
« Nymphes ! vous me laissez mourir, moi
« que vous avez vue naître et vivre
« parmi vous ! Qui après moi vous fera des
« guirlandes et des bouquets, et qui aura
« soin de mes pauvres agneaux, et de toi
« aussi, ma jolie cigale, que j'ai eu tant
« de peine à prendre? Hélas! que te sert
« maintenant de chanter au chaud du
« midi? Ta voix ne peut plus m'endormir
« sous les voûtes de ces antres; Daphnis
« m'a ravi le sommeil. » Ainsi disoit et sou-

piroit la dolente jouvencelle, cherchant en soi-même que c'étoit d'amour, dont elle sentoit les feux, et si n'en pouvoit trouver le nom.

Mais Dorcon, ce bouvier qui avoit retiré de la fosse Daphnis et le bouc, jeune gars à qui le premier poil commençoit à poindre, étant jà dès cette rencontre féru de l'amour de Chloé, se passionnoit de jour en jour plus vivement pour elle, et, tenant peu de compte de Daphnis, qui lui sembloit un enfant, fit dessein de tout tenter, ou par présents, ou par ruse, ou à l'aventure par force, pour avoir contentement, instruit qu'il étoit, lui, du nom et aussi des œuvres d'amour. Ses présents furent d'abord, à Daphnis une belle flûte ayant ses cannes unies avec du laiton au lieu de cire, à la fillette une peau de faon toute marquetée de taches blanches, pour s'en couvrir les épaules. Puis croyant par de tels dons s'être fait ami de l'un et de l'autre, bientôt il négligea Daphnis; mais à Chloé chaque jour il apportoit quelque chose. C'étoient tantôt fromages gras, tantôt fruits en maturité, tantôt chapelets de fleurs nouvelles, ou bien des oiseaux qu'il prenoit au nid; même une fois il lui donna un gobelet doré sur les bords, et une autre fois un petit veau qu'il lui porta de la montagne. Elle, simple et sans défiance, ignorant que tous ces dons fussent amorce amoureuse, les prenoit bien volontiers, et en montroit grand plaisir; mais son plaisir étoit moins d'avoir que donner à Daphnis.

Et un jour Daphnis (car si falloit-il qu'il connût aussi la détresse d'amour) prit querelle avec Dorcon. Ils contestoient de leur beauté, devant Chloé, qui les jugea, et un baiser de Chloé fut le prix destiné au vainqueur; là où Dorcon le premier parla : « Moi, dit-il, je suis plus grand que lui. Je « garde les bœufs, lui les chèvres; or, au- « tant les bœufs valent mieux que les chè- « vres, d'autant vaut mieux le bouvier que « le chevrier. Je suis blanc comme le lait, « blond comme gerbe à la moisson, frais « comme la feuillée au printemps. Aussi « est-ce ma mère, et non pas quelque bête, « qui m'a nourri enfant. Il est petit, lui, « chétif, n'ayant de barbe non plus qu'une « femme, le corps noir comme peau de « loup. Il vit avec les boucs, ce n'est pas « pour sentir bon. Et puis, chevrier, « pauvre hère, il n'a pas vaillant tant « seulement de quoi nourrir un chien. « On dit qu'il a tété une chèvre; je le « crois, ma fy, et n'est pas merveille si,

« nourrisson de bique, il a l'air d'un bi-
« quet. »

Ainsi dit Dorcon; et Daphnis : « Oui,
« une chèvre m'a nourri de même que Ju-
« piter, et je garde les chèvres, et les rends
« meilleures que ne seront jamais les vaches
« de celui-ci. Je mène paître les boucs, et
« si n'ai rien de leur senteur, non plus que
« Pan, qui toutefois a plus de bouc en soi
« que d'autre nature. Pour vivre je me con-
« tente de lait, de fromage, de pain bis, et
« de vin clairet, qui sont mets et boissons
« de pâtres comme nous, et les partageant
« avec toi, Chloé, il ne me soucie de ce
« que mangent les riches. Je n'ai point de
« barbe, ni Bacchus non plus; je suis brun:
« l'hyacinthe est noire, et si vaut mieux
« pourtant Bacchus que les Satyres, et pré-
« fère-t-on l'hyacinthe au lis. Celui-là est
« roux comme un renard, blanc comme
« une fille de la ville, et le voilà tantôt
« barbu comme un bouc. Si c'est moi que
« tu baises, Chloé, tu baiseras ma bouche;
« si c'est lui, tu baiseras ces poils qui lui
« viennent aux lèvres. Qu'il te souvienne,
« pastourelle, qu'à toi aussi une brebis t'a
« donné son lait, et cependant tu es belle. »
A ce mot, Chloé ne put le laisser achever :
mais, en partie pour le plaisir qu'elle eut

de s'entendre louer, et aussi que de long-
temps elle avoit envie de le baiser, sautant
en pieds, d'une gentille et toute naïve façon, elle lui donna le prix. Ce fut bien un
baiser innocent et sans art ; toutefois c'étoit
assez pour enflammer un cœur dans ses
jeunes années.

Dorcon, se voyant vaincu, s'enfuit dans
le bois pour cacher sa honte et son déplaisir, et depuis cherchoit autre voie à pouvoir jouir de ses amours. Pour Daphnis, il
étoit comme s'il eût reçu non pas un baiser
de Chloé, mais une piqûre envenimée. Il
devint triste en: un moment, il soupiroit,
il frissonnoit, le cœur lui battoit, il pâlissoit quand il regardoit la Chloé, puis tout
à coup une rougeur lui couvroit le visage.
Pour la première fois alors il admira le
blond de ses cheveux, la douceur de ses
yeux et la fraîcheur d'un teint plus blanc
que la jonchée du lait de ses brebis. On
eût dit que de cette heure il commençoit à
voir et qu'il avoit été aveugle jusque-là. Il
ne prenoit plus de nourriture que comme
pour en goûter, de boisson seulement que
pour mouiller ses lèvres. Il étoit pensif,
muet, lui auparavant plus babillard que
les cigales ; il restoit assis, immobile, lui
qui avoit accoutumé de sauter plus que ses

chevreaux. Son troupeau étoit oublié, sa
flûte par terre abandonnée; il baissoit la
tête comme une fleur qui se penche sur sa
tige; il se consumoit, il séchoit comme les
herbes au temps chaud, n'ayant plus de
joie, plus de babil, fors qu'il parlât à elle
ou d'elle. S'il se trouvoit seul aucune fois,
il alloit devisant en lui-même : « Dea, que
« me fait donc le baiser de Chloé? Ses
« lèvres sont plus tendres que roses, sa
« bouche plus douce qu'une gauffre à miel,
« et son baiser est plus amer que la piqûre
« d'une abeille. J'ai bien baisé souvent mes
« chevreaux; j'ai baisé de ses agneaux à
« elle, qui ne faisoient encore que naître,
« et aussi ce petit veau que lui a donné
« Dorcon; mais ce baiser ici est tout autre
« chose. Le pouls m'en bat; le cœur m'en
« tressaut; mon âme en languit, et pour-
« tant je désire la baiser derechef. O mau-
« vaise victoire! O étrange mal dont je ne
« saurois dire le nom! Chloé avoit-elle
« goûté de quelque poison avant que de
« me baiser? Mais comment n'en est-elle
« point morte? Oh! comme les arondelles
« chantent, et ma flûte ne dit mot! Comme
« les chevreaux sautent, et je suis assis!
« Comme toutes fleurs sont en vigueur, et
« je n'en fais point de bouquets ni de cha-

« pelets! La violette et le muguet florissent,
« Daphnis se fane. Dorcon à la fin paroîtra
« plus beau que moi. » Voilà comment se
passionnoit le pauvre Daphnis, et les paroles qu'il disoit, comme celui qui lors
premier expérimentoit les étincelles d'a-
mour.

Mais Dorcon, ce gars, ce bouvier amoureux aussi de Chloé, prenant le moment
que Dryas plantoit un arbre pour soutenir
quelque vigne, comme il le connoissoit
déjà, d'alors que lui Dryas gardoit les bêtes
aux champs, le vient trouver avec de beaux
fromages gras, et d'abord il lui donna ses
fromages; puis, commençant à entrer en
propos par leur ancienne connoissance, fit
tant qu'il tomba sur les termes du mariage
de Chloé, disant qu'il la veut prendre à
femme, lui promet pour lui de beaux présents, comme bouvier ayant de quoi. Il lui
vouloit donner, dit-il, une couple de bœufs
de labour, quatre ruches d'abeilles, cinquante pieds de pommiers, un cuir de
bœuf à semeler souliers, et par chacun an
un veau tout prêt à sevrer; tellement que,
touché de son amitié, alléché par ses promesses, Dryas lui cuida presque accorder
le mariage. Mais songeant puis après que
la fille étoit née pour bien plus grand parti,

et craignant qu'un jour, si elle venoit à être reconnue, et ses parents à savoir que pour la friandise de tels dons il l'eût mariée en si bas lieu, on ne lui en voulût mal de mort, il refusa toutes ses offres, et l'éconduisit en le priant de lui pardonner.

Par ainsi, Dorcon, se voyant pour la deuxième fois frustré de son espérance, et encore qu'il avoit pour néant perdu ses bons fromages gras, délibéra, puisqu'autrement ne pouvoit, la première fois qu'il la trouveroit seule à seul, mettre la main sur Chloé. Pour à quoi parvenir, s'étant avisé qu'ils menoient l'un après l'autre boire leurs bêtes, Chloé un jour, et Daphnis l'autre, il usa d'une finesse de jeune pâtre qu'il étoit. Il prend la peau d'un grand loup qu'un sien taureau, en combattant pour la défense des vaches, avoit tué avec ses cornes, et se l'étend sur le dos, si bien que les jambes de devant lui couvroient les bras et les mains, celles de derrière lui pendoient sur les cuisses jusqu'aux talons, et la hure le coiffoit en la forme même et manière du cabasset d'un homme de guerre. S'étant ainsi fait loup tout au mieux qu'il pouvoit, il s'en vient droit à la fontaine où buvoient chèvres et brebis après qu'elles avoient pâturé. Or étoit cette fontaine en

une vallée assez creuse, et toute la place à
l'entour pleine de ronces et d'épines, de
chardons et bas genevriers, tellement qu'un
vrai loup s'y fût bien aisément caché. Dorcon se musse là dedans entre ces épines,
attendant l'heure que les bêtes vinssent
boire, et avoit bonne espérance qu'il ef-
frayeroit Chloé sous cette forme de loup,
et la saisiroit au corps pour en faire à son
plaisir.

Tantôt après elle arriva. Elle amenoit
boire les deux troupeaux, ayant laissé
Daphnis coupant de la plus tendre ramée
verte pour ses chevreaux après pâture. Les
chiens qui leur aidoient à la garde des
bêtes suivoient; et comme naturellement
ils chassent mettant le nez par-tout, ils
sentirent Dorcon se remuer voulant assail-
lir la fillette : si se prennent à aboyer, se
ruent sur lui comme sur un loup, et l'en-
vironnant qu'il n'osoit encore, tant il avoit
de peur, se dresser tout-à-fait sur ses pieds,
mordent en furie la peau de loup, et tiroient à belles dents. Lui, d'abord honteux
d'être reconnu, et défendu quelque temps
de cette peau qui le couvroit, se tenoit tapi
contre terre dans le hallier, sans dire mot;
mais quand Chloé, apercevant au travers
de ces broussailles oreille droite et poil de

béte, appela toute épouvantée Daphnis au
secours, et que les chiens, lui ayant arraché
sa peau de loup, commencèren· à le mordre
lui-même à bon escient, lors il se prit à
crier si haut qu'il put, priant Chloé et
Daphnis, qui jà étoit accouru, de lui vouloir être en aide; ce qu'ils firent, et avec
leur sifflement accoutumé, eurent incontinent apaisé les chiens; puis amenèrent à
la fontaine le malheureux Dorcon, qui avoit
été mors et aux cuisses et aux épaules, lui
lavèrent ses blessures où les dents l'avoient
atteint, et puis lui mirent dessus de l'é-
corce d'orme mâchée, étant tous deux si
peu rusés et si peu expérimentés aux hardies entreprises d'amour, qu'ils estimèrent
que cette embûche de Dorcon avec sa peau
de loup ne fût que jeu seulement, au moyen
de quoi ils ne se courroucèrent point à lui,
mais le reconfortèrent et le reconvoyèrent
quelque espace de chemin, en le menant
par la main; et lui, qui avoit été en si grand
danger de sa personne, et que l'on avoit
recous de la gueule, non du loup, comme
il se dit communément, mais des chiens,
s'en alla panser les morsures qu'il avoit
par tout le corps.

Daphnis et Chloé cependant, jusques à
nuit close, travaillèrent après leurs chèvres

et brebis, qui, effrayées de la peau de loup, effarouchées d'ouïr si fort aboyer les chiens, fuyoient, les unes à la cime des plus hauts rochers, les autres au plus bas des plages de la mer, toutes au demeurant bien ap-prises de venir, à la voix de leurs pasteurs, se ranger au son du flageolet, s'amasser ensemble en oyant seulement battre des mains; mais la peur leur avoit alors fait tout oublier; et après les avoir suivies à la trace comme des lièvres, et à grand'peine retrouvées, les ramenèrent toutes au tect; puis s'en allèrent aussi reposer; là où ils dormirent cette seule nuit de bon sommeil. Car le travail qu'ils avoient pris leur fut un remède pour l'heure au mésaise d'a-mour : mais revenant le jour, ils eurent même passion qu'auparavant, joie à se re-voir, peine à se quitter; ils souffroient, ils vouloient quelque chose, et ne savoïent ce qu'ils vouloient. Cela seulement savoient-ils bien, l'un que son mal étoit venu d'un baiser, l'autre, d'un baigner.

Mais plus encore les enflammoit la sai-son de l'année. Il étoit jà environ la fin du printemps et commencement de l'été, toutes choses en vigueur; et déjà montroient les arbres leurs fruits, les blés leurs épis; et aussi étoit la voix des cigales plaisante à ouïr, tout gracieux le bêlement des brebis, la richesse des champs admirable à voir, l'air tout embaumé soève à respirer ; les fleuves paroissoient endormis, coulant lentement et sans bruit ; les vents sembloient orgues ou flûtes, tant ils soupiroient doucement à travers les branches des pins. On eût dit que les pommes d'elles-mêmes se laissoient tomber enamourées, que le soleil amant de beauté faisoit chacun dépouiller. Daphnis, de toutes parts échauffé, se jetoit dans les rivières, et tantôt se lavoit, tantôt s'ébattoit à vouloir saisir les poissons, qui glissant dans l'onde se perdoient sous sa main ; et souvent buvoit, comme si avec l'eau il eût dû éteindre le feu qui le brûloit. Chloé, après avoir trait toutes ses brebis, et la plupart aussi des chèvres de Daphnis, demeuroit long-temps empêchée à faire prendre le lait et à chasser les mouches, qui fort la molestoient, et les chassant la piquoient ; cela fait, elle se lavoit le visage, et, couronnée des plus tendres branchettes de pin, ceinte de la peau de faon, elle emplissoit une sébile de vin mêlé avec du lait, pour boire avec Daphnis.

Puis quand ce venoit sur le midi, adonc étoient-ils tous deux plus ardemment épris que jamais, pource que Chloé, voyant en

Daphnis entièrement nu une beauté de tout
point accomplie, se fondoit et périssoit d'a-
mour, considérant qu'il n'y avoit en toute
sa personne chose quelconque à redire; et
lui, la voyant, avec cette peau de faon et
cette couronne de pin, lui tendre à boire
dans sa sébile, pensoit voir une des Nymphes mêmes qui étoient dans la caverne; si
accouroit incontinent, et lui ôtant sa couronne qu'il baisoit d'abord, se la mettoit
sur la tête, et elle, pendant qu'il se baignoit
tout nu, prenoit sa robe et se la vêtissoit,
la baisant aussi premièrement. Tantôt ils
s'entre-jetoient des pommes, tantôt ils aor-
noient leurs têtes et tressoient leurs cheveux l'un à l'autre, disant Chloé que les
cheveux de Daphnis ressembloient aux
grains de myrte, pource qu'ils étoient noirs,
et Daphnis accomparant le visage de Chloé
à une belle pomme, pource qu'il étoit blanc
et vermeil. Aucune fois il lui apprenoit à
jouer de la flûte, et quand elle commençoit
à souffler dedans, il la lui ôtoit; puis il en
parcouroit des lèvres tous les tuyaux d'un
bout à l'autre, faisant ainsi semblant de lui
vouloir montrer où elle avoit failli, afin de
la baiser à demi, en baisant la flûte aux endroits que quittoit sa bouche.

Ainsi comme il étoit après à en sonner

joyeusement sur la chaleur de midi. pendant que leurs troupeaux étoient tapis à l'ombre, Chloé ne se donna garde qu'elle fut endormie : ce que Daphnis apercevant, pose sa flûte pour à son aise la regarder et contempler, n'ayant alors nulle honte, et disoit à part soi ces paroles tout bas : « Oh ! « comme dorment ses yeux ! Comme sa « bouche respire ! Pommes ni aubépines « fleuries n'exhalent un air si doux. Je ne « l'ose baiser toutefois ; son baiser pique « au cœur, et fait devenir fou, comme le « miel nouveau. Puis, j'ai peur de l'éveil- « ler. O fâcheuses cigales ! Elles ne la lais- « seront jà dormir, si haut elles crient. Et « d'autre côté ces boucquins ici ne cesse- « ront aujourd'hui de s'entre-heurter avec « leurs cornes. O loups, plus couards que « renards, où êtes-vous à cette heure, que « vous ne les venez happer ? »

Ainsi qu'il étoit en ces termes, une cigale poursuivie par une arondelle se vint jeter d'aventure dedans le sein de Chloé ; pourquoi l'arondelle ne la put prendre, ni ne put aussi retenir son vol, qu'elle ne s'abattit jusqu'à toucher de l'aile le visage de Chloé, dont elle s'éveilla en sursaut, et ne sachant que c'étoit, s'écria bien haut : mais quand elle eut vu l'arondelle voletant en-

core autour d'elle, et Daphnis riant de sa
peur, elle s'assura, et frottoit ses yeux qui
avoient encore envie de dormir; et lors la
cigale se prend à chanter entre les tetins
mêmes de la gente pastourelle, comme si
dans cet asile elle lui eût voulu rendre
grâce de son salut, dont Chloé, de nouveau
surprise, s'écria encore plus fort, et Daphnis
de rire; et usant de cette occasion, il lui mit
la main bien avant dans le sein, d'où il re-
tira la gentille cigale, qui ne se pouvoit
jamais taire, quoiqu'il la tint dans la main.
Chloé fut bien aise de la voir, et l'ayant
baisée, la remit chantant toujours dans son
sein.

Une autre fois ils entendirent du bois
prochain un ramier, au roucoulement duquel Chloé ayant pris plaisir, demanda à
Daphnis que c'étoit qu'il disoit, et Daphnis
lui fit le conte qu'on en fait communément.
« Ma mie, dit-il, au temps passé y avoit une
« fille belle et jolie, en fleur d'âge comme
« toi. Elle gardoit les vaches et chantoit
« plaisamment; et, tant ses vaches aimoient
« son chant, elle les gouvernoit de la voix
« seulement; jamais ne donnoit coup de
« houlette ni piqûre d'aiguillon; mais, assise
« à l'ombre de quelque beau pin, la tête
« couronnée de feuillage, elle chantoit Pan

« et Pitys; dont ses vaches étoient si aises
« qu'elles ne s'éloignoient point d'elle. Or
« y avoit-il non guère loin de là un jeune
« garçon qui gardoit les bœufs, beau lui-
« même, chantant bien aussi, lequel étri-
« voit à chanter à l'encontre d'elle, d'un
« chant plus fort, comme étant mâle, et
« aussi doux, comme étant jeune; telle-
« ment qu'il attire à travers le bocage et
« emmène avec soi huit des plus belles
« vaches qu'elle eût en son troupeau. La
« pauvrette adonc déplaisante autant de
« son troupeau diminué comme d'avoir
« été vaincue au chanter, demandoit aux
« Dieux d'être oiseau avant que retourner
« ainsi à la maison. Les Dieux accomplirent
« son désir, et en firent un oiseau de
« montagne, qui aime toujours à chanter
« comme quand elle étoit fille, et encore
« aujourd'hui se plaint de sa déconvenue,
« et va disant qu'elle cherche ses vaches
« égarées. »

Tels étoient les plaisirs que l'été leur
donnoit. Mais la saison d'automne venue,
au temps que la grappe est pleine, certains
corsaires de Tyr s'étant mis sur une fûte
du pays de Carie, afin qu'on ne pensât que
ce fussent barbares, vinrent aborder en
cette côte, et, descendant à terre armés de

corselets et d'épées, pillèrent ce qu'ils purent trouver, comme vin odorant, force
grain, miel en rayons, et même emmenèrent
quelques bœufs et vaches de Dorcon. Or en
courant çà et là, ils rencontrèrent de male
aventure Daphnis qui s'alloit ébattant le
long du rivage de la mer, seul ; car Chloé,
comme simple fille, crainte des autres pasteurs, qui eussent pu en folâtrant lui faire
quelque déplaisir, ne sortoit si matin du
logis, et ne menoit qu'à haute heure paître
les brebis de Dryas. Eux voyant ce jeune
garçon grand et beau, et de plus de valeur
que ce qu'ils eussent pu davantage ravir
par les champs, ne s'amusèrent plus ni à
poursuivre les chèvres, ni à chercher à dé-
rober autre chose de ces campagnes, mais
l'entraînèrent dans leur fûte, pleurant et
ne sachant que faire, sinon qu'il appeloit à
haute voix Chloé tant qu'il pouvoit crier.

Or ne faisoient-ils guère que remonter en
leur esquif et mettre les mains aux rames,
quand Chloé vint, qui apportoit une flûte
neuve à Daphnis. Mais voyant çà et là les
chèvres dispersées, et entendant sa voix,
qui l'appeloit toujours de plus fort en plus
fort, elle jette la flûte, laisse là son troupeau, et s'en va courant vers Dorcon, pour
le faire venir au secours. Elle le trouva

étendu par terre, tout taillé de grands
coups d'épée que lui a ̄ient donnés les
brigands, et à peine respirant encore, tant
il avoit perdu de sang; mais lorsqu'il entre-
vit Chloé, le souvenir de son amour le rani-
mant quelque peu : « Chloé, ma mie, lui
« dit-il, je m'en vas tout-à-l'heure mourir.
« J'ai voulu défendre mes bœufs, ces mé-
« chants larrons de corsaires m'ont navré
« comme tu vois. Mais toi, Chloé, sauve
« Daphnis ; venge-moi ; fais-les périr. J'ai
« accoutumé mes vaches à suivre le son de
« ma flûte, et de si loin qu'elles soient,
« venir à moi dès qu'elles en entendent
« l'appel. Prends-la, va au bord de la mer,
« joue cet air que j'appris à Daphnis et
« qu'il ta montré. Au demeurant laisse
« faire ma flûte et mes bœufs sur le vais-
« seau. Je te la donne, cette flûte, de la-
« quelle j'ai gagné le prix contre tant de
« bergers et bouviers; et pour cela, seule-
« ment, je te prie, baise-moi avant que je
« meure, pleure-moi quand je serai mort,
« et à tout le moins, lorsque tu verras va-
« cher gardant ses bêtes aux champs, aie
« souvenance de moi. »

Dorcon, achevant ces paroles et recevant
d'elle un dernier baiser, laissa sur ses lèvres, avec le baiser, la voix et la vie en

même temps. Chloé prit la flûte, la mit à
sa bouche, et sonnant si haut qu'elle pouvoit, les vaches qui l'entendent reconnoissent aussitôt le son de la flûte et la note de
la chanson, et toutes d'une secousse se jet-
tent en meuglant dans la mer; et comme
elles prirent leur élan toutes du même
bord, et que par leur chute la mer s'en-
trouvrit, l'esquif renversé, l'eau se refer-
mant, tout fut submergé. Les gens plongés
en la mer revinrent bientôt sur l'eau, mais
non pas tous avec même espérance de salut.
Car les brigands avoient leurs épées au
côté, leurs corselets au dos, leurs bottines à
mi-jambe, tandis que Daphnis étoit tout
déchaux, comme celui qui ne menoit ses
chèvres que dans la plaine, et quasi nu au
demeurant, car il faisoit encore chaud. Eux
donc, après avoir duré quelque temps à
nager, furent tirés à fond et noyés par la
pesanteur de leurs armes; mais Daphnis
eut bientôt quitté si peu de vêtements qu'il
portoit, et encore se lassoit-il à force, n'ayant
coutume que nager dans les rivières. Nécessité toutefois lui montra ce qu'il devoit
faire. Il se mit entre deux vaches, et se
prenant à leurs cornes avec les deux mains,
fut par elles porté sans peine quelconque,
aussi à son aise comme s'il eût conduit un

chariot. Car le bœuf nage beaucoup mieux et plus long-temps que ne fait l'homme, et n'est animal au monde qui en cela le surpasse, si ce ne sont oiseaux aquatiques, ou bien encore poissons; tellement que jamais bœuf ni vache ne se noyeroient, si la corne de leurs pieds ne s'amollissoit dans l'eau, de quoi font foi plusieurs détroits en la mer, qui jusques aujourd'hui sont appelés Bosphores, c'est-à-dire trajets ou passages de bœufs.

Voilà comment se sauva Daphnis, et contre toute espérance échappant deux grands dangers, ne fut ni pris ni noyé. Venu à terre là où étoit Chloé sur la rive, qui pleuroit et rioit tout ensemble, il se jette dans ses bras, lui demandant pourquoi elle jouoit ainsi de la flûte; et Chloé lui conta tout : qu'elle avoit été pour appeler Dorcon, que ses vaches étoient apprises à venir au son de la flûte, qu'il lui avoit dit d'en jouer, et qu'il étoit mort. Seulement oublia-t-elle, ou possible ne voulut dire qu'elle l'eût baisé.

Adonc tous deux délibérèrent d'honorer la mémoire de celui qui leur avoit fait tant de bien, et s'en allèrent, avec ses parents et amis, ensevelir le corps du malheureux Dorcon, sur lequel ils jetèrent force terre,

plantèrent à l'entour des arbres stériles, y
pendirent chacun quelque chose de ce qu'il
recueilloit aux champs, versèrent du lait
sur sa tombe, y épreignirent des grappes,
y brisèrent des flûtes. On ouït ses vaches
mugir et bramer piteusement; on les vit çà
et là courir comme bêtes égarées; ce que
ces pâtres et bouviers déclarèrent être le
deuil que les pauvres bêtes menoient du
trépas de leur maître.

Finies en cette manière les obsèques de
Dorcon, Chloé conduisit Daphnis à la caverne des Nymphes, où elle le lava, et lors
elle-même pour la première fois en présence de Daphnis lava aussi son beau corps
blanc et poli, qui n'avoit que faire de bain
pour paroître beau; puis cueillant ensemble
des fleurs que portoit la saison, en firent
des couronnes aux images des Nymphes, et
contre la roche attachèrent la flûte de Dorcon pour offrande. Cela fait ils retour-
nèrent vers leurs chèvres et brebis, lesquelles ils trouvèrent toutes tapies contre
terre, sans paître ni bêler, pour l'ennui et
regret qu'elles avoient, ainsi qu'on peut
croire, de ne voir plus Daphnis ni Chloé.
Mais sitôt qu'elles les aperçurent, et qu'eux
se mirent à les appeler comme de coutume
et à leur jouer du flageolet, elles se levèrent

incontinent, et se prirent les brebis à paître, et les chèvres à sauteler en bêlant, comme pour fêter le retour de leur chevrier.

Mais quoi qu'il y eût, Daphnis ne se pouvoit éjouir à bon escient depuis qu'il eût ·u Chloé nue, et sa beauté à découvert, qu'il n'avoit point encore vue. Il s'en sentoit le cœur malade ne plus ne moins que d'un venin qui l'eût en secret consumé. Son souffle aucune fois étoit fort et hâté, comme si quelque ennemi l'eût poursuivi prêt à l'atteindre; d'autres fois foible et débile, comme d'un à qui manquent tout à coup la force et l'haleine, et lui sembloit le bain de Chloé plus redoutable que la mer dont il étoit échappé. Bref, il lui étoit avis que son âme fût toujours entre les brigands, tant il avoit de peine, jeune garçon nourri aux champs, qui ne savoit encore que c'est du brigandage d'amour.

LIVRE SECOND

ÉTANT jà l'automne en sa force et le temps des vendanges venu, chacun aux champs étoit en besogne à faire ses apprêts; les uns racoutroient les pressoirs, les autres nettoyoient les jarres; ceux-ci émouloient leurs serpettes, ceux-là se tissoient des paniers; aucuns mettoient à point la meule à pressurer les raisins écrasés, d'autres apprétoient l'osier sec dont on avoit ôté l'écorce à force de le battre, pour en faire flambeaux à tirer le moût pendant la nuit; et à cette cause Daphnis et Chloé, cessant pour quelques jours de mener leurs bêtes aux champs, prétoient aussi à tels travaux l'œuvre et labeur de leurs mains.

Il portoit, lui, la vendange dedans une hotte et la fouloit en la cuve, puis aidoit à remplir les jarres ; elle, d'autre côté, préparoit à manger aux vendangeurs, et leur versoit du vin de l'année précédente; puis elle se mettoit à vendanger aussi les plus basses branches des vignes où elle pouvoit avenir. Car les vignes de Lesbos sont basses pour la plupart, au moins non élevées sur arbres fort hauts, et les branches en pendent jusque contre terre, s'étendant çà et là comme lierre, si qu'un enfant hors du maillot, par manière de dire, atteindroit aux grappes.

Et comme la coutume est en telle fête de Bacchus, à la naissance du vin, on avoit appelé des champs de là entour bon nombre de femmes pour aider, lesquelles jetoient toutes les yeux sur Daphnis, et en le louant disoient qu'il étoit aussi beau que Bacchus; et y en eut une d'elles, plus éveillée que les autres, qui le baisa, dont il fut bien aise; mais non Chloé, qui en avoit de la jalousie. Les hommes, d'autre part, dans les cuves et pressoirs, jetoient à Chloé plusieurs paroles à la traverse, et en la voyant trépignoient comme des Satyres à la vue de quelque Bacchante, disant que de bon cœur ils deviendroient moutons, pour être

menés et gardés par telle bergère ; à quoi
Chloé prenoit plaisir ; mais Daphnis en
avoit de l'ennui. Tellement que l'un et
l'autre souhaitoient que les vendanges fussent bientôt finies, pour pouvoir retourner
aux champs en la manière accoutumée, et,
au lieu du bruit et des cris de ces vendangeurs, entendre le son de la flûte ou le bêlement des troupeaux.

En peu de jours tout fut achevé, le raisin
cueilli, la vendange foulée, le vin dans les
jarres, si qu'il ne fut plus besoin d'en empêcher tant de gens ; au moyen de quoi ils
recommencèrent à mener leurs bêtes aux
champs comme devant, et, portant aux
Nymphes des grappes pendantes encore au
sarment pour prémices de la vendange, les
vinrent en grande joie honorer et saluer, de
quoi faire ils n'avoient par le passé jamais
été paresseux. Car, et le matin, dès que leurs
troupeaux commençoient à paître, ils les
venoient d'abord saluer, et le soir, retournant de pâture, les alloient derechef ado-
rer ; et jamais n'y alloient qu'ils ne leur
portassent quelque offrande, tantôt des
fleurs, tantôt des fruits, une fois de la ramée verte, et une autre fois quelque libation de lait ; dont puis après ils reçurent
des déesses bien ample récompense. Mais

pour lors ils folâtroient comme deux jeunes
levrons, ils sautoient, ils flûtoient ensemble, ils chantoient, luttoient bras à bras
l'un contre l'autre, à l'envi de leurs béliers
et bouquins.

Et ainsi comme ils s'ébattoient, survint
un vieillard portant grosse cape de poil de
chèvre, des sabots en ses pieds, panetière à
son col, vieille aussi la panetière. Se séant
auprès d'eux, il se prit à leur dire : « Le
« bon homme Philétas, enfants, c'est moi,
« qui jadis ai chanté maintes chansons à
« ces Nymphes, maintefois ai joué de la
« flûte à ce Dieu Pan que voici, grand
« troupeau de bœufs gouvernois avec la
« seule musique, et m'en viens vers vous à
« cette heure, vous déclarer ce que j'ai vu
« et annoncer ce que j'ai ouï.

« Un jardin est à moi, ouvrage de mes
« mains, que j'ai planté moi-même, affié,
« accoutré, depuis le temps que, pour ma
« vieillesse, je ne mène plus les bêtes aux
« champs. Toujours y a dans ce jardin tout
« ce qu'on y sauroit souhaiter selon la sai-
« son ; au printemps, des roses, des lis, des
« violettes simples et doubles ; en été, du
« pavot, des poires, des pommes de plu-
« sieurs espèces ; maintenant qu'il est au-
« tomne, du raisin, des figues, des gre-

« nades, des myrtes verts; et y viennent
« chaque matin à grandes volées toutes
« sortes d'oiseaux, les uns pour y trouver
« à repaître, les autres pour y chanter; car
« il est couvert d'ombrage, arrosé de trois
« fontaines, et si épais pla é d'arbres, que
« qui en ôteroit la muraille qui le clôt, on
« diroit à le voir que ce seroit un bois.

« Aujourd'hui environ midi, j'y ai vu un
« jeune garçonnet sous mes myrtes et gre-
« nadiers, qui tenoit en ses mains des gre-
« nades et des grains de myrte, blanc
« comme lait, rouge comme feu, poli et net
« comme ne venant que d'être lavé. Il étoit
« nu, il étoit seul, et se jouoit à cueillir de
« mes fruits comme si le verger eût été
« sien. Si m'en suis couru pour le tenir,
« crainte, comme il étoit frétillant et re-
« muant, qu'il ne me rompît quelque ar-
« buste; mais il m'est légèrement échappé
« des mains, tantôt se coulant entre les ro-
« siers, tantôt se cachant sous les pavots,
« comme feroit un petit perdreau. J'ai au-
« trefois eu bien affaire à courir après quel-
« ques chevreaux de lait, et souvent ai tra-
« vaillé voulant attrapper de jeunes veaux
« qui sautoient autour de leur mère; mais
« ceci est toute autre chose, et n'est pas pos-
« sible au monde de le prendre. Par quoi,

« me trouvant bientôt las, comme vieux et
« ancien que je suis, et m'appuyant sur
« mon bâton, en prenant garde qu'il ne
« s'enfuît, je lui ai demandé à qui il étoit
« de nos voisins, et à quelle occasion il ve-
« noit ainsi cueillir les fruits du jardin
« d'autrui. Il ne m'a rien répondu, mais,
« s'approchant de moi, s'est pris à me sou-
« rire fort délicatement, en me jetant des
« grains de myrte, ce qui m'a, ne sais com-
« ment, amolli et attendri le cœur, de sorte
« que je n'ai plus su me courroucer à lui.
« Si l'ai prié de s'en venir à moi sans rien
« craindre, jurant par mes myrtes que je le
« laisserois aller quand il voudroit, avec
« des pommes et des grenades que je lui
« donnerois, et lui souffrirois prendre des
« fruits de mes arbres, et cueillir de mes
« fleurs autant comme il voudroit, pourvu
« qu'il me donnât un baiser seulement.

    « Et adonc se prenant à rire avec une
« chère gaie, et bonne et gentille grace,
« m'a jeté une voix si aimable et si douce,
« que ni l'arondelle, ni le rossignol, ni le
« cygne, fût-il aussi vieux comme je suis,
« n'en sauroit jeter de pareille, disant :
« Quant à moi, Philétas, ce ne me seroit
« point de peine de te baiser ; car j'aime
« plus être baisé que tu ne desires, toi, re-

« tourner en ta jeunesse : mais garde que ce
« que tu me demandes ne soit un don mal
« séant et peu convenable à ton âge, pource
« que ta vieillesse ne t'exemptera point de
« me vouloir poursuivre, quand tu m'auras
« une fois baisé ; et n'y a aigle ni faucon, ni
« autre oiseau de proie, tant ait-il l'aile
« vite et légère, qui me pût atteindre. Je ne
« suis point enfant, combien que j'en aie
« l'apparence ; mais suis plus ancien que
« Saturne, plus ancien même que tout le
« temps. Je te connois dès-lors qu'étant en
« la fleur de ton âge, tu gardois en ce pro-
« chain pâtis un si beau et gras troupeau
« de vaches, et étois près de toi quand tu
« jouois de la flûte sous ces hêtres, amou-
« reux d'Amaryllide. Mais tu ne me voyois
« pas, encore que je fusse avec ton amie,
« laquelle je t'ai enfin donnée, et tu en as
« eu de beaux enfants, qui maintenant
« sont bons laboureurs et bouviers ; et pour
« le présent je gouverne Daphnis et Chloé ;
« et après que je les ai le matin mis en-
« semble, je m'en viens en ton verger ; là
« je prends plaisir aux arbres et aux fleurs,
« et me lave en ces fontaines ; qui est la
« cause que toutes les plantes et les fleurs
« de ton jardin sont si belles à voir, pour ce
« que mon bain les arrose. Regarde si tu ver-

« ras pas une branche d'arbre rompue, ton
« fruit aucunement abattu ou gâté, aucun
« pied d'herbe ou de fleur foulée, ni jamais
« tes fontaines troublées; et te répute bien
« heureux de ce que toi seul entre les
« hommes, dans ta vieillesse, tu es encore
« bien voulu de cet enfant. »

« Cela dit, il s'est enlevé sur les myrtes ne
« plus ne moins que feroit un petit rossi-
« gnol, et, sautelant de branche en branche
« par entre les feuilles, est enfin monté
« jusques à la cîme. J'ai vu ses petites ailes,
« son petit arc et ses flèches en écharpe sur
« ses épaules, puis ai été tout ébahi que je
« n'ai plus vu ni ses flèches ni lui. Or, si
« je n'ai pour néant vécu tant d'années, et
« diminué de sens en avançant d'âge, mes
« enfants, je vous assure que vous êtes tous
« deux dévoués à l'Amour, et qu'Amour a
« soin de vous. »

Ils furent aussi aises d'ouïr ce propos
comme si on leur eût conté quelque belle
et plaisante fable. Si lui demandèrent que
c'étoit d'Amour; s'il étoit oiseau ou enfant,
et quel pouvoir il avoit. Adonc Philétas se
prit derechef à leur dire : « Amour est un
« Dieu, mes enfants. Il est jeune, beau, a
« des ailes; pourquoi il se plaît avec la jeu-
« nesse, cherche la beauté et ravit les

« ames, ayant plus de pouvoir que Jupiter
« même. Il règne sur les astres, sur les élé-
« ments, gouverne le monde, et conduit les
« autres Dieux comme vous avec la hou-
« lette menez vos chèvres et brebis. Les
« fleurs sont ouvrage d'Amour ; les plantes
« et les arbres sont de sa facture ; c'est par
« lui que les rivières coulent, et que les
« vents soufflent. J'ai vu les taureaux
« amoureux : ils mugissoient ne plus ne
« moins que si le taon les eût piqués ;
« j'ai vu le bouquin aimer sa chèvre, et il
« la suivoit par-tout. Moi-même j'ai été
« jeune, et j'aimois Amaryllide ; mais lors
« il ne me souvenoit de manger ni de
« boire, ni ne prenois aucun repos ; mon
« ame souffroit ; mon cœur palpitoit ; mon
« corps tressailloit ; je pleurois, je criois
« comme qui m'eût battu ; je ne parlois non
« plus que si j'eusse été mort ; je me jetois
« dans les rivières comme si un feu m'eût
« brûlé ; j'invoquois Pan, qui fut aussi
« blessé de l'amour de Pitys ; je remer-
« ciois Echo, qui appeloit Amaryllide
« après moi, et de dépit rompois ma flûte,
« de ce qu'elle savoit bien mener mes
« vaches, et ne me pouvoit faire venir
« mon Amaryllide. Car il n'est remède ni
« breuvage quelconque, ni charme, ni

« chant, ni paroles, qui guérissent le mal
« d'amour, sinon le baiser, embrasser, cou-
« cher ensemble nue à nu. »

Philétas, après les avoir ainsi enseignés,
se départit d'avec eux, emportant pour son
loyer quelques fromages et un chevreau
daguet, qu'ils lui donnèrent. Mais quand il
s'en fut allé, eux, demeurés tout seuls et
ayant alors pour la première fois entendu
le nom d'amour, se trouvèrent en plus
grande détresse qu'auparavant, et, retournés en leurs maisons, passèrent la nuit à
comparer ce qu'ils sentoient en eux-mêmes
avec les paroles du vieillard : « Les amants
« souffrent : nous souffrons; ils ne font
« compte de boire ni de manger : aussi peu
« en faisons nous; ils ne peuvent dormir,
« ni nous clore la paupière; il leur est avis
« qu'ils brûlent : nous avons le feu au-de-
« dans de nous; ils désirent s'entrevoir :
« las! pour autre chose ne prions que le
« jour revienne bientôt. C'est cela sans
« point de doute qu'on appelle amour;
« tous deux sommes énamourés, et si ne
« le savions pas. Mais si c'est amour ce que
« nous sentons, je suis aimé; que me man-
« que-t-il donc? Et pourquoi sommes-nous
« ainsi mal à notre aise? A quoi faire nous
« entre-cherchons-nous? Philétas nous dit

« vrai ; ce jeune garçonnet qu'il a vu en
« son jardin, c'est lui-même qui jadis ap-
« parut à nos pères et leur dit en songe
« qu'ils nous envoyassent garder les bêtes
« aux champs. Comment le pourra-t-on
« prendre ? Il est petit et s'enfuira ; de lui
« échapper n'est possible, car il a des ailes
« et nous atteindra. Faut-il avoir recours
« aux Nymphes ? Pan n'aida de rien Philétas
« quand il aimoit Amaryllide. Essayons
« les remèdes qu'il a dit, baiser, accoler,
« coucher nue à nu. Vrai est qu'il fait
« froid ; mais nous l'endurerons. » Ainsi
leur étoit la nuit une seconde école en laquelle ils recordoient les enseignements de
Philétas.

Le lendemain au point du jour ils menèrent leurs bêtes aux champs, s'entrebaisèrent l'un l'autre aussitôt qu'ils se virent,
ce qu'ils n'avoient oncques fait encore, et,
croisant leurs bras, s'accolèrent ; mais le
dernier remède…, ils n'osoient, se dépouiller et coucher nus. Aussi eût-ce été trop
hardiment fait, non pas seulement à jeune
bergère telle qu'étoit Chloé, mais même à
lui chevrier. Ils ne purent donc la nuit
suivante reposer non plus que l'autre, et
n'eurent ailleurs la pensée qu'à remémorer
ce qu'ils avoient fait, et regretter ce qu'ils

avoient omis à faire, disant ainsi en eux-
mêmes : « Nous nous sommes baisés, et de
« rien ne nous a servi ; nous nous sommes
« l'un l'autre accolés, et rien ne nous en
« est amendé. Il faut donc dire que cou-
« cher ensemble est le vrai remède d'amour;
« il le faut donc essayer aussi. Car pour
« sûr il y doit avoir quelque chose plus
« qu'au baiser. »

Après semblables pensers, leurs songes,
ainsi qu'on peut croire, furent d'amour et
de baisers, et ce qu'ils n'avoient point fait
le jour, ils le faisoient lors en songeant,
couchés nue à nu. Dès le fin matin donc
ils se levèrent plus épris encore que devant, et chassant avec le sifflet leurs bêtes
aux champs, leur tardoit qu'ils ne se trouvoient pour répéter leurs baisers, et de si
loin qu'ils se virent, coururent en souriant
l'un vers l'autre, puis s'entre-baisèrent, puis
s'entre-accolèrent; mais le troisième point
ne pouvoit venir; car Daphnis n'osoit en
parler, ni ne vouloit Chloé commencer,
jusqu'à ce que l'aventure les conduisit à ce
faire en cette manière.

Ils étoient sous le chêne assis l'un près
de l'autre, et ayant goûté du plaisir de baiser, ne se pouvoient saouler de cette volupté.
L'embrassement suivoit quant et quant pour

baiser plus serré, et en ce point, comme
Daphnis tira sa prise un peu trop fort,
Chloé sans y penser se coucha sur un côté,
et Daphnis, en suivant la bouche de Chloé
pour ne perdre l'aise du baiser, se laissa de
même tomber sur le côté; et, reconnoissant
tous deux en cette contenance la forme de
leur songe, longtemps demeurèrent couchés
de la sorte, se tenant bras à bras aussi
étroitement comme s'ils eussent été liés
ensemble, sans y chercher rien davantage;
mais pensant que ce fût le dernier point de
jouissance amoureuse, consumèrent en ces
vaines étreintes la plus grande partie du
jour, tant que le soir les y trouva; et lors,
en maudissant la nuit, ils se séparèrent et
ramenèrent leurs troupeaux au tect. Et
peut-être enfin eussent-ils fait quelque
chose à bon escient, n'eût été un tel tumulte
qui survint en la contrée.

Des jeunes gens riches de Méthymne,
voulant passer joyeusement le temps des
vendanges et s'aller ébattre quelque peu
au loin, tirèrent un bateau en mer, mirent
leurs valets à la rame, et s'en vinrent dans
les parages du territoire de Mitylène, pour
ce qu'il y a par-tout bons abris pour se retirer, belle plage pour se baigner, et est
bordée de beaux édifices, avec jardins,

parcs et bois que les uns nature a produits,
les autres la main de l'homme. En voguant
ainsi au long de la côte, et descendant ci et
là, où désir leur en prenoit, ils ne faisoient
mal quelconque ni déplaisir à personne,
mais s'ébattoient entre eux à divers passetemps. Tantôt, avec des hameçons attachés
d'un brin de fil au bout de quelque long
roseau, ils pêchoient, de dessus un écueil
jeté fort avant en la mer, des poissons qui
hantent autour des rochers; tantôt prenoient
avec leurs chiens et leurs filets les lièvres
qui fuyoient des vignes pour le bruit des
vendangeurs; ou bien ils tendoient aux oiseaux, trouvant temps et lieu favorables, et
avec des lacs courants, prenoient des oies
sauvages, des halbrans, des outardes et
autre tel gibier de plaine, dont ils avoient,
outre le plaisir, de quoi fournir à leurs repas. S'il leur falloit quelque chose plus, ils
l'achetoient au prochain village, payant le
prix et au-delà. Il ne leur falloit que le pain
et le vin, et le logis aussi; car ils ne trouvoient pas qu'il fût sûr, étant la saison de
l'automne, de coucher en mer, et à cette
cause ils tiroient la nuit leur bateau à terre,
peur de la tourmente pendant qu'ils dor-
moient.

Mais quelque paysan de là entour ayant

affaire d'une corde dont on suspend la meule
à presser le raisin, étant la sienne par aventure usée ou rompue, s'en vint de nuit au
bord de la mer, et, trouvant le bateau sans
garde, délia la corde qui le lioit, l'emporta
en son logis et s'en servit à son besoin. Le
matin ces jeunes gens cherchèrent partout
leur corde; mais nul ne confessoit l'avoir
prise : par quoi, après qu'ils eurent un peu
querellé avec leurs hôtes, ils tirèrent outre,
et ayant fait environ deux lieues, vinrent
aborder à ces champs où se tenoient Daphnis et Chloé, pour ce qu'il y avoit, ce leur
sembla, belle plaine à courir le lièvre. Or
n'avoient-ils plus de corde pour attacher
leur bateau, et à cette cause prirent du
franc osier vert, le plus long qu'ils purent
finer, le tordirent et en firent une hart, dont
ils lièrent leur bateau à terre, puis, lâchant
leurs chiens, se mirent à chasser et tendirent leurs toiles aux passages qu'ils trouvèrent plus à propos. Ces chiens, en courant
çà et là et aboyant, effrayèrent les chèvres
de Daphnis, lesquelles abandonnèrent incontinent les coteaux, et s'enfuirent vers la
marine, là où, ne trouvant rien à brouter
parmi le sable, aucunes plus hardies que les
autres s'approchèrent du bateau et rongèrent
la hart d'osier vert dont il étoit attaché.

La mer étoit un peu émue d'un vent de
terre qui se levoit; le bateau une fois délié,
les vagues le poussèrent, l'éloignèrent du
bord et le portoient en mer; de quoi les
chasseurs s'étant apperçus, les uns accoururent au rivage, les autres rappelèrent
leurs chiens, et tous ensemble menoient
tel bruit que les gens de là entour, pâtres,
vignerons, laboureurs, les entendant, vinrent de toutes parts; mais ils n'y purent
que faire. Car le vent, fraîchissant toujours
de plus en plus, mena la barque au gré du
flot si roide et si loin, qu'elle fut tantôt hors
de vue.

Par quoi ces jeunes gens, dolents outre
mesure, perdant leur bateau, biens et tout,
cherchèrent le chevrier qui devoit garder
les chèvres, et trouvant là Daphnis parmi
les regardants, en chaude colère commencèrent à le battre et à le vouloir dépouiller;
même y en eut un d'entre eux qui détacha
la laisse dont il menoit son chien, et prit
les deux mains à Daphnis pour les lui lier
derrière le dos. Lui, comme ils le battoient,
crioit, imploroit l'aide d'un chacun, mais
sur tous appeloit à son secours Lamon et
Dryas, lesquels accourus, tous deux verts
vieillards, ayant les mains rudes, endur-
cies du labeur des champs, prirent très bien

sa défense contre les jeunes Méthymniens,
en leur remontrant qu'il falloit entendre du
moins ce garçon, pour voir s'il avoit tort,
et que chacun dît ses raisons. Ceux de Méthymne le voulurent, et d'un commun accord on élut pour arbitre le bouvier Philétas, à cause que c'étoit le plus ancien qui
se trouvât là présent, et qu'entre ceux de
son village il avoit le bruit d'être homme
de grande foi et loyauté Adonc les jeunes
gens, prenant la parole, firent en termes
courts et clairs leur plainte de telle sorte,
devant le chef bouvier :

« Nous étions descendus en ces champs
« pour chasser, et avions attaché notre bar-
« que au rivage avec une hart d'osier vert ;
« puis nous nous étions mis en quête avec
« nos chiens, et cependant les chèvres de
« celui-ci sont venues, ont mangé l'osier
« dont notre bateau étoit attaché, et par
« ainsi l'ont détaché. Vous mêmes l'avez
« pu voir emporté en pleine mer. Et ce
« qu'il y a dedans perdu pour nous, com-
« bien pensez-vous qu'il vaille ? Combien
« d'habits et d'equipages ! Combien de
« beaux harnois pour nos chiens ! et de
« l'argent plus qu'il n'en faudroit pour
« acheter tous ces champs ! En récompense
« de quoi, nous voulons emmener ce mé-

« chant chevrier-ci, lequel entend si mal
« le métier dont il se mêle, que d` hanter
« avec ses chèvres au long des plages de la
« mer, comme s'il étoit marinier. »

Voilà ce que dirent les Méthymniens.
Daphnis étoit tout moulu des coups qu'il
avoit reçus ; mais, voyant Chloé présente,
il ne s'étonna de rien, et leur répondit
franchement : « Je garde bien mes chèvres,
« et n'y a personne en tout le village qui
« se soit jamais plaint que pas une d'elles
« ait rien brouté en son jardin, ni rompu
« ou gâté un bourgeon dans sa vigne. Mais
« ceux-ci eux-mêmes sont mauvais chas-
« seurs, et ont des chiens mal appris, qui
« ne font que courir çà et là, et aboyer tant
« et si fort, qu'ils ont effarouché mes chè-
« vres et les ont chassées de la plaine et de
« la montagne vers la mer, comme eussent
« pu faire des loups. Or à présent elles ont
« mangé quelque osier : pouvoient-elles
« emmi ces sables brouter le thym ou le
« serpolet? Leur bateau est péri en mer:
« qu'ils s'en prennent à la tourmente, mes
« chèvres n'en sont pas cause. Voire mais, il
« y avoit dedans tant de biens, des habits,
« de l'argent : Et qui seroit si sot de croire
« qu'un bateau portant tout cela n'eût
« pour l'attacher qu'une hart d'osier? »

En disant ces paroles il se prit à pleurer, et fit grande pitié à tous les assistants; tellement que Philétas, qui devoit donner sa sentence, jura le dieu Pan et les Nymphes que Daphnis n'avoit point de tort, ni ses chèvres non plus, et que la faute, si faute y avoit, étoit aux vents et à la mer, desquels il n'étoit pas juge pour la leur faire réparer. Ce néanmoins le bon Philétas ne sut si bien dire que les Méthymniens s'en contentassent; mais derechef en grande fureur prirent Daphnis, et le vouloient lier pour l'emmener, n'eût été que les paysans, de ce mutinés, se ruèrent en criant sur eux, comme une volée d'étourneaux, et leur ôtèrent des mains Daphnis, qui se défendoit bien aussi et à son tour les chargeoit. Si qu'à grands coups de pierres et de bâtons, ils chassèrent les Méthymniens, et ne cessèrent de les poursuivre qu'ils ne les eussent menés battant hors de leur territoire. Daphnis et Chloé restés seuls, elle eut tout loisir de le conduire en la caverne des Nymphes, où elle lui lava le visage tout souillé du sang qui lui étoit coulé du nez; puis, tirant de sa panetière un peu de fromage et du tourteau, elle lui en fit manger, et, qui plus le conforta, lui donna de sa tendre bouche un baiser plus doux que miel.

Ainsi échappa Daphnis de ce danger;
mais la chose n'en demeura pas là. Car ces
jeunes gens de Méthymne, retournés chez
eux à ¼ ed, au lieu qu'ils étoient venus en
un beau bateau; blessés et mal menés, au
lieu qu'ils étoient partis gais et bien déli-
bérés, firent assembler le conseil de la ville,
auquel ils requirent, en habits et contenance de suppliants, être vengés de l'outrage qu'ils avoient souffert, ne disant de
vrai pas un mot, de peur que, s'ils eussent
conté le fait comme il étoit allé, on ne se
fût moqué d'eux de s'être ainsi laissé battre
par des paysans, mais accusant hautement
les Mityléniens de les avoir pillés, et pris
leur bateau sans autre forme de procès,
comme en guerre ouverte.

Ceux de Méthymne ajoutèrent aisément
foi à leur dire, pour autant mêmement
qu'ils les voyoient blessés; et quant et
quant, estimant chose juste et raisonnable
de venger un tel outrage fait aux enfants
des plus nobles maisons de leur ville, décernèrent sur-le-champ la guerre contre les
Mityléniens, sans leur envoyer ni héraut
ni déclaration, et commandèrent à leur
capitaine qu'il mît promptement en mer
dix galères pour aller faire du pis qu'il
pourroit en toute leur côte. Ils pensèrent

que ce ne seroit pas sûrement ni sagement
fait de hasarder plus grosse flotte à l'approche de l'hiver.

Le capitaine dès le lendemain eut dressé
son équipage, et, usant pour moins d'em-
barras de ses soldats mêmes au lieu de rameurs, alla fourrager toutes les terres des
Mityléniens qui étoient voisines de la mer,
là où il prit force bétail, force grain, vin
en quantité, pour ce qu'il n'y avoit guère
que vendanges étoient faites, et grand
nombre de prisonniers, gens qui travail-
loient à ces champs; et aussi s'en vint dé-
barquer où gardoient leurs bêtes Daphnis
et Chloé, courut le pays, ravit et pilla tout
ce qu'il y trouva. Daphnis pour lors n'étoit
pas avec son troupeau; il étoit dans le bois
à cueillir de la ramée verte pour donner
l'hiver aux chevreaux, et, voyant du haut
des arbres les ennemis dans la plaine, se
cacha au creux d'un vieux chêne. Chloé,
qui étoit demeurée avec les troupeaux, se
cuida sauver de vitesse, et se jeta comme
en un asile dans l'antre des Nymphes,
poursuivie jusqu'au lieu même, et là, prioit
au nom des Nymphes ces soldats de ne
vouloir faire déplaisir ni à elle ni à ses
bêtes; mais en vain. Car les gens de Méthymne, après avoir fait plusieurs vilenies

et moqueries aux images des Nymphes,
l'emmenèrent elle et ses bêtes, en la chassant devant eux à coups de houssine comme
une chèvre ou une brebis, et, voyant qu'ils
avoient déjà plein leurs vaisseaux de toute
sorte de butin, ne voulurent plus tirer
outre, mais reprirent la route de leurs maisons, craignant l'hiver et les ennemis.

Ainsi s'en alloient les Méthymniens à
force de rames, faisant peu de chemin, car
le temps fut si calme, qu'il ne tiroit ni vent
ni haleine quelconque; et Daphnis, sorti
de son creux après que tout ce bruit fut
passé, s'en vint dans la plaine où leurs
bêtes avoient coutume de pâturer, et n'y
voyant plus ni ses chèvres, ni les brebis,
ni Chloé, mais seulement les champs tout
seuls, et la flûte de laquelle Chloé se souloit
ébattre jetée là, se prit à crier et pleurer,
et en soupirant amèrement s'en couroit
tantôt sous le fouteau à l'ombre duquel ils
avoient accoutumé de se seoir, tantôt au
rivage de la mer, pour voir s'il la trouveroit
point, et tantôt dans l'antre des Nymphes
où il l'avoit vue fuir, et là, se jetant par
terre devant leurs images, se complaignit
à elles, disant qu'elles lui avoient bien failli
au besoin « Chloé, disoit-il, vient d'être
« arrachée de vos autels, et vous avez bien

« eu le cœur de le voir et l'endurer! elle
« qui vous a fait tant de beaux chapelets
« de fleurs! elle qui vous offroit toujours
« du premier lait! elle qui vous a donné
« ce flageolet même que je vois ici pendu!
« Jamais loup ne me ravit une seule de
« mes chèvres, et les ennemis m'ont main-
« tenant ravi le troupeau entier et ma com-
« pagne bergère aussi. Mes chèvres, ils les
« tueront et écorcheront incontinent ; les
« brebis, ils en feront des sacrifices aux
« Dieux; et Chloé demeurera en quelque
« ville loin de moi. Comment oserai-je à
« cette heure m'en aller devers mon père et
« ma mère, sans mes chèvres, sans Chloé,
« pour être désormais misérable manœu-
« vre ; car il n'y a plus chez nous de bêtes
« que je pusse garder. Mais non, je ne bou-
« gerai d'ici, attendant la mort ou d'autres
« ennemis qui m'emmènent aussi. Hélas!
« Chloé, es-tu en même peine que moi?
« te souvient-il de ces champs? as-tu point
« de regret aux Nymphes et à moi? ou si
« te reconfortent nos brebis et nos chèvres
« prisonnières avec toi? »

Comme il achevoit ces paroles, le cœur
gros de chagrin, de pleurs, le voilà pris
d'un profond somme, et lui apparoissent
les trois Nymphes, en guise de belles et

grandes femmes, demi-nues, les pieds sans
chaussure, les cheveux épars, en tout semblables aux images. Si lui fut avis, dès
l'abord, qu'elles avoient pitié de lui ; puis
d'elles trois la plus âgée lui dit en le recon-
fortant : « Ne te plains point de nous,
« Daphnis, nous avons plus de souci de
« Chloé que tu n'as toi-même. Nous en
« prîmes pitié dès-lors qu'elle venoit de
« naître, et, abandonnée en cet antre, l'a-
« vons fait élever et nourrir. Car, afin que
« tu le saches, rien n'a de commun Chloé
« avec Dryas et ses brebis, ni toi non plus
« avec Lamon. Et quant à ce qui est d'elle,
« nous y avons déjà pourvu. Elle n'ira
« point prisonnière avec ces soldats à Mé-
« thymne, ni ne sera partie de leur butin.
« Pan, qui est là sous ce pin, et que vous
« n'honorez jamais seulement de quelques
« fleurettes, c'est lui que nous avons prié
« de vouloir secourir Chloé, parce qu'il fré-
« quente volontiers entre gens de guerre,
« et lui-même a conduit des guerres, quit-
« tant le repos des champs. Il marche dès
« cette heure, dangereux ennemi, contre
« ceux de Méthymne. Pourtant ne t'afflige
« point, mais te lève et t'en va consoler
« Lamon et Myrtale, qui sont jetés à terre
« comme toi, croyant que tu aies été pris

« et emmené sur les vaisseaux. Demain
« reviendra ta Chloé, avec vos brebis et vos
« chèvres, et si les garderez encore et joue-
« rez de la flûte ensemble. Au demeurant
« Amour aura soin de vous. »

Daphnis, ayant ouï et vu telles choses,
s'éveilla soudain en sursaut, et, pleurant
autant de joie que de tristesse, adora les
Nymphes, prosterné devant leurs images,
et leur promit, si Chloé retournoit à sauveté, de leur sacrifier la plus grasse de ses
chèvres; et courant au pin sous lequel étoit
le dieu Pan représenté avec les pieds d'un
bouc, deux cornes en la tête, qui d'une
main tenoit sa flûte, et de l'autre arrêtoit
un bouquin, l'adora aussi, et le pria qu'il
lui plût faire promptement revenir Chloé,
lui promettant semblablement de lui sacrifier un bouc; et jusques au soir environ le
soleil couchant, à peine cessa-t-il ses larmes et ses vœux pour le retour de Chloé.
Enfin, ramassant sa feuillée, s'en retourna
au logis, où il ôta de grand émoi Lamon
et Myrtale, et les remplit de liesse; puis
mangea un petit, et s'en alla dormir; mais
ce ne fut pas sans pleurer, ni faire prière
aux Nymphes qu'elles lui apparussent encore, et que le jour revînt bientôt, et avec
le jour, selon leur promesse, Chloé. Jamais

nuit ne lui fut si longue. Or voici comme
il en alla.

Le capitaine de Méthymne, ayant navi-
gué à la rame environ cinq quarts de lieue,
voulut un petit rafraîchir ses gens las d'a-
voir couru le pays, et, trouvant un promon-
toire assez avancé en mer, dont l'extrémité
présentoit deux pointes en manière de croissant, abri aussi sûr qu'aucun port, il y
jeta l'ancre sous une roche haute et droite,
sans autrement aborder, afin que de la côte
à toute aventure on ne lui pût faire nul
déplaisir, et ainsi permit à ses gens de se
traiter et réjouir en pleine assurance. Eux,
ayant à bord foison de tous vivres qu'ils
avoient pillés, se mirent à manger, boire
et faire fête comme on fait pour une victoire. Mais dès que le jour fut failli, et que
la nuit eut mis fin à leur bonne chère, il
leur fut avis soudainement que la terre
étoit toute en feu, et vers la haute mer entendirent un bruissement dans le lointain,
comme des rames d'une grosse flotte qui
fût venue contre eux. L'un crioit aux armes, l'autre appeloit ses compagnons; l'un
pensoit être jà blessé, l'autre croyoit voir
un homme mort gisant devant lui. Bref, y
avoit tout tel tumulte comme en un combat
de nuit; et si n'y avoit point d'ennemis.

Après une nuit si terrible, le jour vint, qui les effraya encore davantage Car ils virent les boucs de Daphnis et ses chèvres, les cornes toutes entortillées de rameaux de lierre avec leurs grappes; ils entendirent les brebis et béliers de Chloé qui hurloient comme loups; elle-même on la vit couronnée de branchages de pin. Et en la mer se faisoient aussi choses étranges à conter. Car quand ils pensoient lever les ancres, elles tenoient au fond; quand ils cuidoient abattre leurs rames pour voguer, elles se rompoient. Les dauphins, sautant autour des vaisseaux et les battant de leur queue, en décousoient les jointures. Et entendoit-on du haut de la roche le son d'une flûte à sept cannes telle qu'en ont les bergers; mais ce son n'étoit point plaisant à ouïr, comme seroit le son d'une flûte ordinaire, ains épouvantoit ceux qui l'entendoient comme l'éclat imprévu d'une trompette de guerre : de quoi ils étoient tous en merveilleux effroi, et couroient aux armes, disant que c'étoient les ennemis qui les venoient attaquer, et ne savoit-on par où; et lors désiroient que la nuit revînt, comme s'ils eussent dû avoir trève quand elle seroit venue.

Or n'étoit celui parmi eux conservant

tant soit peu de sens, qui ne connût clairement que tous ces prodiges venoient du
dieu Pan, irrité contre eux pour quelque
méfait ; mais ils n'en pouvoient deviner la
cause, n'ayant touché chose qu'ils sussent
appartenir à Pan ; jusqu'à ce qu'environ
midi le capitaine, non sans expresse ordon-
nance divine, s'endormit, et lui apparut
Pan lui-même disant telles paroles : « O
« méchants sacriléges ! comme avez-vous
« été si forcenés que d'oser emplir d'alarme
« les champs que j'aime uniquement, ravir
« les troupeaux qui sont en ma protection,
« et arracher par force d'un lieu saint une
« jeune fille de laquelle Amour veut faire
« une histoire singulière, et n'avez point
« eu de crainte ni de révérence aux Nym-
« phes qui le vous ont vu faire, ni à moi
« aussi, qui suis le dieu Pan ? Jamais vous
« ne verrez Méthymne, si vous y prétendez
« porter un tel butin, ni jamais n'échappe-
« rez le son de cette mienne flûte, qui vous
« a naguère effrayés. Je vous ferai tous
« abymer au fond de la mer et manger
« aux poissons, si tu ne rends, et bientôt,
« Chloé aux Nymphes à qui vous l'avez
« enlevée, et quant et elle ses brebis et tout
« le troupeau des chèvres. Pourtant lève-toi
« sans délai, et la remets à terre avec ce

« que je t'ai dit, et je vous conduirai tous
« deux en vos maisons, elle par terre et toi
« par mer. »

A ces paroles, tout troublé, le capitaine
Bryaxis (car ainsi avoit-il nom) s'éveilla en
sursaut, et de chaque galère aussitôt faisant
appeler les chefs, commanda qu'on cher-
chât entre les prisonniers Chloé, jeune bergère, et fut fait; et n'eurent pas de peine à
la trouver, car elle étoit assise la tête couronnée de pin. Si la mènent au capitaine; et
lui, connoissant bien à cela que c'étoit pour
elle qu'il avoit eu cette apparition en dormant, la conduisit lui-même à terre dans
la galère capitainesse, dont elle ne fut pas
plutôt hors, que du haut de la roche aussitôt on entend un nouveau son de flûte, non
plus épouvantable en manière de l'alarme,
mais tel que bergers ont coutume de sonner quand c'est pour mener leurs bêtes aux
champs; et brebis aussitôt de sortir du navire, courant par l'escale sans broncher, et
les chèvres encore mieux, comme celles qui
savoient jà gravir et descendre tous lieux
escarpés. Puis chevres et brebis à terre en-
tourèrent Chloé, bondissant, sautelant et
bélant, et sembloient s'éjouir avec elle de
leur commune délivrance.

Mais les troupeaux des autres bergers et

chevriers demeurèrent où on les avoit mis,
et ne bougèrent de dessous le tillac des galères, comme n'étant point pour eux le son
de la flûte; de quoi tout le monde s'émer-
veilla grandement, et en loua la puissance
et bonté de Pan. Et encore vit-on de plus
étranges merveilles en l'un et en l'autre
élément : car les galères des Méthymniens
démarrèrent d'elles-mêmes, avant qu'on
cût levé les ancres, et y avoit un dauphin
qui les conduisoit, sautant hors de l'eau
devant la capitainesse; et sur terre un fort
doux et plaisant son de flûte conduisoit les
deux troupeaux, sans que l'on pût voir qui
en jouoit; si que les brebis et les chèvres
marchoient et paissoient en même temps,
avec très-grand plaisir d'ouïr telle mélodie.

C'étoit environ l'heure qu'on ramène les
bêtes aux champs après midi. Daphnis, apercevant de tout loin, d'une vedette élevée,
Chloé avec les deux troupeaux : « O Nymphes! ô Pan! » s'écria-t-il; et, descendu dans
la plaine, court à elle, se jette dans ses bras,
épris de si grande joie qu'il en tomba tout
pâmé. A peine purent le ranimer les baisers
même de Chloé qui le pressoit contre son
sein. Ayant enfin repris ses esprits, il s'en
fut avec elle sous le hêtre, là où s'étant tous
deux assis, il ne faillit à lui demander

comme elle avoit pu échapper des mains de tant d'ennemis, et Chloé lui conta tout, son enlèvement dans la grotte, son départ sur le vaisseau, et le lierre venu aux cornes de ses chèvres, et la couronne de feuillage de pin sur sa tête; ses brebis qui avoient hurlé, le feu sur la terre, le bruit en la mer, les deux sortes de son de flûte, l'un de paix, l'autre de guerre, la nuit pleine d'horreur, et comme une certaine mélodie musicale l'avoit conduite tout le chemin sans qu'elle en vît rien.

Adonc reconnoissant Daphnis le secours manifeste de Pan et l'effet de ce que les Nymphes lui avoient promis, conta de sa part à Chloé tout ce qu'il avoit ouï, tout ce qu'il avoit vu, et comme, se mourant d'amour et de regret, il avoit été par les Nymphes rendu à la vie. Puis il l'envoya quérir Dryas et Lamon, et quant et quant tout ce qui fait besoin pour un sacrifice, et lui-même cependant prit la plus grasse chèvre qui fût en son troupeau, de laquelle il entortilla les cornes avec du lierre, en la même sorte et manière que les ennemis les avoient vues, et après lui avoir versé du lait entre les cornes, la sacrifia aux Nymphes, la pendit et l'écorcha, et leur en consacra la peau attachée au roc. Puis quand Chloé fut re-

venue, amenant Dryas et Lamon et leurs
femmes, il fit rôtir une partie de la chair
et bouillir le reste; mais avant tout il mit
à part les prémices pour les Nymphes, leur
épandit de la cruche pleine une libation de
vin doux, et, ayant accommodé de petits lits
de feuillage et verde ramée pour tous les
convives, se mit avec eux à faire bonne
chère, et néanmoins avoit toujours l'œil sur
les troupeaux, crainte que le loup survenant
d'emblée ne fît son coup pendant ce temps-
là. Puis tous, ayant bien repu, se mirent à
chanter des hymnes aux Nymphes, que
d'anciens pasteurs avoient composées. La
nuit venue, ils se couchèrent en la place
même emmi les champs, et le lendemain
eurent aussi souvenance de Pan. Si prirent
le bouc chef du troupeau, et, couronné de
branchages de pin, le menèrent au pin sous
lequel étoit l'image du Dieu, et, louant et
remerciant la bonté de Pan, le lui sacri-
fièrent, le pendirent, l'écorchèrent, puis
firent bouillir une partie de la chair et rôtir
l'autre, et le tout étendirent emmi le beau
pré sur verde feuillade. La peau avec les
cornes fut au tronc de l'arbre attachée tout
contre l'image de Pan, offrande pastorale à
un Dieu pastoral; et ne s'oublièrent non
plus de lui mettre à part les prémices, et si

firent en son honneur les libations accou-
tumées. Chloé chanta, Daphnis joua de la
flûte, et chacun prit place à table.

Ainsi qu'ils faisoient chère lie, survint de
cas d'aventure le bon homme Philétas, ap-
portant à Pan quelques chapelets de fleurs,
et des moissines avec les grappes et la pampre encore au sarment; et quant et lui amenoit son plus jeune fils Tityre, jeune petit
gars ayant cheveux blonds et couleur ver-
meille, air vif et malin, et qui en courant
sautoit ne plus ne moins qu'un chevreau.
Dès qu'ils aperçurent Philétas, ils se levèrent
tous, allèrent avec lui couronner l'image de
Pan, et suspendirent les moissines du bon
Philétas aux branches du pin; puis, lui faisant place parmi eux, le convièrent à leur
repas. Or, quand ces vieillards eurent un
peu bu, adonc commencèrent-ils à conter
de leurs jeunes ans, comme ils gardoient
leurs bêtes aux champs, comme ils étoient
échappés de plusieurs dangers et surprises
d'écumeurs de mer et de larrons. L'un se
vantoit qu'il avoit une fois tué un loup,
l'autre qu'après Pan il n'y avoit homme qui
sût si bien jouer de la flûte que lui. C'étoit
Philétas qui se donnoit cette louange. Daphnis et Chloé le prièrent qu'il leur voulût
de grâce montrer un petit de sa science, et

Daphnis et Chloé.   6

qu'en ce sacrifice fait à Pan, il honorât avec
sa flûte le Dieu amateur de tels sons. Philétas y consentit, encore que pour sa vieillesse il se plaignit de n'avoir plus guère
d'haleine, et prit la flûte de Daphnis. Mais
elle se trouva trop petite pour y pouvoir
montrer beaucoup de savoir et d'artifice,
comme celle de quoi jouoit un jeune garçon
seulement ; par quoi il envoya Tityre en
son logis, distant d'environ demi-lieue, pour
lui apporter la sienne. L'enfant jette là son
hocqueton, et s'en court comme un faon de
biche ; et cependant Lamon se mit à leur
conter la fable de Syringe, pour laquelle
apprendre il avoit donné à un chevrier de
Sicile, qui en savoit la chanson, un bouc et
une flûte.

« Cette Syringe, leur dit-il, aujourd'hui
« flûte pastorale, jadis étoit une belle fille
« ayant voix mélodieuse et grande science de
« musique. Elle gardoit les chèvres, chan-
« toit et se jouoit avec les Nymphes. Pan,
« qui la voyoit aux champs garder ses bêtes,
« jouer, chanter, un jour vient à elle et la
« prie de ce qu'il vouloit, lui promettant
« faire que ses chèvres porteroient toutes
« deux chevreaux à chaque portée. Elle se
« moqua de son amour, et dit que jamais
« elle n'auroit ami, non seulement tel

« comme lui, qui sembloit proprement un
« bouc, mais ni autre quel qu'il fût. Pan la
« voulut prendre à force; elle s'enfuit; il la
« poursuivit; tant que pieds la purent por-
« ter, elle courut; mais, lasse à la fin de
« courir, elle se jette en un marais, et là se
« perd dans les roseaux. Pan coupe les
« cannes en courroux, et, n'y trouvant point
« la pucelle, connut son inconvénient; et
« lors, unissant avec de la cire les roseaux
« taillés inégaux, en signe d'amour non
« égale, il en fit cet instrument. Ainsi elle
« qui paravant étoit belle jeune fille, de-
« puis a été un plaisant instrument de
« musique. »

Lamon à peine achevoit son conte, et l'on
Philétas de le louer, disant n'avoir ouï en sa
vie chanson si jolie que cette fable, quand
Tityre arriva portant la flûte de son père,
grande à merveille, composée des plus
grosses cannes que l'on trouve, accoutrée
de laiton par dessus la cire. On eût dit que
c'étoit celle-là même que Pan fit la première.
Philétas adonc se leva, et, assis sur son lit
de feuillage, premièrement il essaya tous
les chalumeaux, voir si rien empêchoit le
vent, et voyant que chaque tuyau rendoit
le son convenable, souffla dedans à bon
escient. Si sembloit proprement un air de

plusieurs flageolets jouants ensemble, tant menoient de bruit ces pipeaux : puis petit à petit diminuant la force du vent, ramena son jeu en un son tout-à-fait doux et plaisant, et, leur montrant tout l'artifice de la musique pastorale pour bien mener et faire paître les bêtes aux champs, leur fit voir comment il falloit souffler pour un troupeau de bœufs, quel son est mieux séant à un chevrier, quel jeu aiment les brebis et moutons; celui des brebis étoit gracieux; fort et grave celui des bœufs; celui des chèvres clair et aigu; et une seule flûte imitoit toutes ces diverses flûtes, du berger, du bouvier et du chevrier.

La compagnie à table écoutoit sans mot dire, couchée sur le feuillage, prenant très grand plaisir d'ouïr si bien jouer Philétas, jusqu'à ce que Dryas, se levant, le pria de jouer quelque gaie chanson en l'honneur de Bacchus, et lui cependant leur dansa une danse de vendange, faisant les gestes comme s'il eût, tantôt cueilli la grappe au cep, tantôt porté le raisin dans la hotte, puis les mines d'un qui foule la vendange, qui verse le vin dans les jarres, et d'un qui hume à bon escient la liqueur nouvelle. Toutes lesquelles choses il fit si proprement et de si bonne grace, approchant du natu-

rel, qu'ils pensoient voir devant leurs yeux
la vigne, le pressoir, et les jarres, et Dryas
buvant le vin doux.

Ayant ainsi le troisième vieillard bien
et gentiment fait son devoir de danser, à
la fin alla baiser Daphnis et Chloé, lesquels incontinent se levèrent et dansèrent
le conte de Lamon. Daphnis contrefaisoit
le dieu Pan, Chloé la belle Syringe; il
lui faisoit sa requête, et elle s'en rioit;
elle s'enfuyoit, lui la poursuivoit, courant sur le bout des orteils pour mieux
contrefaire les pieds de bouc; elle feignoit
d'être lasse et de ne pouvoir plus courir,
et au lieu des roseaux s'alloit cacher dans
le bois.

Et Daphnis alors, prenant la grande flûte
de Philétas, en tira d'abord un son doulou-
reux, comme Pan qui se fût plaint de la
jouvencelle; puis un son passionné, comme
la priant d'amour; puis un son de rappel,
comme cherchant par-tout ce qu'elle étoit
devenue. Si que le bon homme lui-même
Philétas, tout émerveillé, accourut le baiser,
et après l'avoir baisé lui fit présent de sa
flûte, en priant aux Dieux que Daphnis la
laissât un jour à pareil successeur que lui.
Daphnis donna la sienne petite à Pan, et
ayant baisé Chloé comme revenue et re-

trouvée d'une véritable fuite, ramena jouant
de la flûte ses bêtes aux étables, pource
qu'il étoit déjà tard; et aussi fit Chloé les
siennes au son des mêmes chalumeaux. Les
chèvres marchoient côte à côte des brebis,
et Chloé tout joignant Daphnis, de sorte
qu'à chaque pas ils se baisoient l'un l'autre,
et durèrent ainsi jusques à nuit close, et en
se quittant complotèrent ensemble de ramener paître leurs troupeaux le lendemain
au plus matin, comme ils firent. Car incontinent que le jour commença à poindre, ils revinrent aux pâturages, et ayant
premièrement salué les Nymphes, puis
après Pan, s'allèrent asseoir dessous le
chêne, où ils jouèrent de la flûte ensemble, s'entrebaisèrent, s'embrassèrent, se
couchèrent l'un près de l'autre, et, sans y
faire rien davantage, se relevèrent. Ensuite ils songèrent à manger; et ils buvoient en même sébile du vin mêlé avec
du lait.

Or échauffés et rendus plus hardis par
toutes ces choses, ils contestoient entre eux
d'amour, et en vinrent jusqu'à se vouloir
assurer par serment l'un de l'autre. Daphnis, allant dessous le pin, jura par le dieu
Pan qu'il ne vivroit jamais un seul jour
sans Chloé; et Chloé, dans l'antre des

Nymphes, jura devant .eurs images de
vivre et mourir avec Daphnis. Mais elle,
comme une jeune et innocente fillette, fut
si simple de vouloir que Daphnis au sortir
de l'antre lui jurât un autre serment. Si lui
dit : « Ce dieu Pan, Daphnis, est un dieu
« volage auquel il n'y a point de fiance; il
« a aimé Pitys, il a aimé Syringe; il ne
« cesse de pourchasser les Nymphes Épi-
« mélides, et on le voit toujours après les
« Dryades. Si tu me fausses la foi que tu
« m'as jurée, il ne s'en fera que rire, voire
« quand tu aurois plus de maîtresses
« qu'il n'a de chalumeaux en sa flûte.
« Et comment te puniroit-il, lui qui cha-
« que jour fait amour nouvelle? Jure-
« moi par ton troupeau, et par la chèvre
« qui te nourrit et allaita, que jamais
« tu ne laisseras Chloé tant qu'elle te
« sera fidèle; et là où elle te fera faute, et
« aux Nymphes qu'elle a jurées, fuis-la
« ou la hais ou la tue, comme tu ferois un
« loup. »

Daphnis prit plaisir à ce doute, et, debout au milieu de son troupeau, tenant
d'une main un bouc et de l'autre une
chèvre, jura qu'il aimeroit Chloé tant qu'il
en seroit aimé, et que si elle en aimoit un
autre, il se tueroit au lieu d'elle; dont elle

fut bien aise, et s'en assura plus que du premier serment, croyant les brebis et les chèvres être Dieux propres aux bergers et aux chevriers.

LIVRE TROISIÈME

MAIS les Mityléniens, apprenant comme ceux de Méthymne avoient envoyé dix galères à leur dommage, et mêmement étant informés, par gens qui venoient de la campagne, comme on avoit couru leurs terres et pillé leurs biens, estimèrent que ce seroit lâcheté d'endurer un tel outrage des Méthymniens, et délibérèrent prompte-ment prendre les armes contre eux. Si le-vèrent incontinent trois mille hommes de pied et cinq cents chevaux, et envoyèrent par terre leur capitaine général Hippase, craignant de les mettre sur mer en temps approchant de l'hyver.

Le capitaine, parti aussitôt avec ses gens, ne fourragea point les terres des Méthym-

niens, ni n'emmena le bétail des laboureurs
et paysans, parce qu'il estimoit cela être le
fait d'un larron et non pas d'un capitaine,
ains tira droit vers la ville, espérant la surprendre les portes ouvertes et sans garde.
Mais quand il en fut près environ six
lieues, un héraut lui vint au-devant, qui
lui demanda trève au nom des Méthymniens.
Car, ayant entendu depuis par leurs prisonniers que ceux de Mitylène ne savoient du
tout rien de ce qui s'étoit passé, mais que
c'etoit une querelle entre paysans et jeunes
gens, où ceux-ci avoient eu des coups pour
quelque insolence par eux faite, ils regret-
toient fort d'avoir si à la légère offensé
leurs voisins, et n'avoient autre désir que
de rendre et restituer ce qui auroit été pris,
pour pouvoir trafiquer et hanter comme
devant les uns avec les autres sans crainte
ni danger. Hippase envoya le héraut porter
ses paroles au Sénat des Mityléniens, combien qu'il eût tout pouvoir et autorité ab-
solue, et cependant alla camper à demi-
lieue de Méthymne, attendant les ordres de
sa ville. De là à deux jours ordre lui vint
de recevoir les restitutions, et s'en retourner sans faire nul dommage. Car ayant le
choix de la paix ou de la guerre, ils avoient
pensé que la paix valoit mieux. Ainsi se

termina la guerre entre Méthymne et Mitylène, finie comme elle fut commencée, par
soudaine résolution.

Et là-dessus survint l'hyver, plus fâcheux
que la guerre à Daphnis et à sa Chloé. Car
incontinent la neige, tombant en grande
abondance, couvrit les chemins et enferma
les laboureurs en leurs maisons; les tor-
rents impétueux tomboient aval du haut
des montagnes, l'eau se geloit, les arbres
sembloient morts, on ne voyoit plus la
terre, sinon alentour des fontaines et de
quelques ruisseaux; ainsi ne se pouvoient
plus mener les bêtes aux champs, ni n'o-
soient les gens mettre seulement le nez hors
la porte; mais, demeurant tous au logis, faisoient un grand feu, alentour duquel, dès
que les coqs avoient chanté le matin, chacun venoit faire sa besogne. Les uns retor-
doient du fil, les autres tissoient du poil de
chèvre, ou faisoient des collets à prendre les
oiseaux. Le soin qu'il falloit lors avoir des
bœufs étoit de leur donner de la paille à
manger en la bouverie, aux chèvres et brebis de la feuillée en la bergerie, aux pour-
ceaux de la faîne et du gland en la porche-
rie.

Étant ainsi chacun contraint de garder
la maison, pour la rudesse du temps, les

autres, tant laboureurs que pasteurs, en étoient aises, parce qu'ils avoient un peu de relâche en leurs travaux, faisoient bons repas et long somme, tellement que l'hyver leur sembloit plus doux que non pas l'été, ni l'automne, ni le printemps avec. Mais Daphnis et Chloé, se souvenant des plaisirs passés, comme ils s'entrebaisoient, comme ils s'entr'embrassoient, et de leurs joyeux passetemps emmi ces champs et ces prairies, toute nuit soupiroient en grande peine sans pouvoir dormir, attendant la saison nouvelle ne plus ne moins qu'une seconde vie après la mort. Chaque fois qu'ils trouvoient sous leur main la panetière dont ils souloient tirer leur manger, cela leur mettoit deuil au cœur; apercevant la sébile où ils étoient coutumiers de boire l'un après l'autre, ou bien la flûte, qui étoit un don d'amourette, jetée à terre quelque part sans que l'on en tînt compte, cela renouveloit leur regret. Si prioient aux Nymphes et à Pan qu'ils les délivrassent de ces maux, et leur remontrassent enfin, à eux et à leurs bêtes, le soleil beau et clair; et quant et quant, faisant ces prières aux Dieux, cherchoient quelque invention par laquelle ils se pussent entrevoir. Chloé de soi n'y eût su que faire, et aussi n'avoit guère moyen;

car celle qu'on estimoit sa mère étoit tout
le jour après elle, lui montrant à carder la
làine et à tourner le fuseau, et lui parlant
de la marier; mais Daphnis, comme celui
qui avoit plus de loisir et plus de sens aussi
que la fillette, trouva pour la voir une telle
finesse :

Devant le logis de Dryas, tout contre le
mur de la cour, étoient deux grands myrtes
et un lierre, les myrtes bien près l'un de
l'autre et quasi joints par le pied, tellement
que le lierre les embrassant tous deux, et
s'étendant en guise de vigne sur l'un et sur
l'autre, y faisoit une manière de loge fort
couverte, tant les feuilles étoient épaisses
et tissues, s'il faut ainsi dire, les unes avec
les autres; par dedans pendoient force
grappes noires, comme raisins à la treille;
à l'occasion de quoi y avoit toujours, mêmement l'hyver, grande multitude d'oiseaux qui lors ne trouvoient rien ailleurs,
force merles, force grives, force ramiers,
force bisets, et de tous autres oiseaux aimant
à manger grains de lierre. Daphnis sortit
de la maison sous couleur d'aller tendre à
ces oiseaux, ayant plein son bissac de
fouaces et de gâteaux au miel, et portant
aussi, afin qu'on le crût mieux, de la glu et
des collets. La distance de l'une des mai-

sons à l'autre étoit d'environ demi-lieue, et
la neige, non encore durcie par le froid, lui
eût fait avoir bien de la peine, n'eût été
qu'Amour passe par-tout et franchit le feu,
l'eau, la neige, voire même celle de la Scythie. Daphnis fit le chemin tout d'une
course, et, arrivé devant la demeure de
Dryas, secoua la neige qu'il avoit aux
pieds, tendit ses collets, englua de longues
verges, puis se mit en aguet là auprès,
épiant quand viendro'ent les oiseaux, et à
l'aventure Chloé.

Or, quant aux oiseaux, il en vint grande
compagnie, et en prit tant qu'il avoit assez
affaire à les amasser, à les tuer et à les plu-
mer; mais de la maison ne sortoit personne, homme ni femme, ni coq, ni poule;
ains se tenoient tous au-dedans clos et cois
au long du feu, dont le pauvre Daphnis
étoit en grand émoi d'être venu si mal à
point et à heure si malheureuse. Si osa bien
penser de trouver un prétexte pour tout
droit entrer léans, discourant en lui-même
quelle couleur seroit la plus croyable. « Je
« viens querir du feu. — Comment? n'avez-
« vous point de plus proches voisins?—Je
« demande du pain. — Ton bissac est plein
« de vivres. — Du vin. — Il n'y a que trois
« jours que vous avez fait vendanges. — Le

« loup m'a poursuivi.—Et où en est la trace?
« —Je suis venu chasser aux oiseaux.—Que
« ne t'en vas-tu donc après que tu en as assez
« pris?—Je veux voir Chloé. » Telle chose
ne se pouvoit bonnement confesser à un
père et à une mère. Ainsi n'y avoit-il pas
une de toutes ces occasions-là qui ne portât
quelque soup on. « Mieux vaut, disoit-il,
« que je m'en aille. Je la reverrai au prin-
« temps : non cet hyver, puisque les
« Dieux, comme je crois, ne veulent pas. »
Ayant fait en lui-même ces devis, et ser-
rant jà ce qu'il avoit pris de grives et autres
oiseaux, il s'en alloit partir; mais, comme
si expressément Amour eût eu pitié de lui,
voici qu'il avint :

Dryas et sa famille à table, le pain et la
viande toute prête, chacun entendoit à
boire et à manger, et cependant un des
chiens de la bergerie, voyant qu'on ne se
donnoit point de garde de lui, happe un
lopin de chair et s'enfuit hors de la maison;
de quoi Dryas courroucé, pour autant mêmement que c'étoit sa part, prend un bâton et court après. En le poursuivant il
vint à passer au long de ce lierre où Daphnis avoit tendu ses gluaux, et le vit comme
il chargeoit déjà sa prise sur ses épaules,
prêt à s'en retourner; et sitôt qu'il l'aper-

çut, oubliant et chair et chien : « Dieu te
gard, mon fils! » s'écria-t-il; puis le vient
accoler et baiser, le prend par la main et le
mène en sa maison.

Quand ils se virent l'un l'autre, à peine
qu'ils ne tombèrent tous deux, de grande
aise qu'ils eurent. Ils se forcèrent toutefois
de se tenir sur leurs pieds, s'entr'appelèrent, se donnèrent le bon jour, et se baisè-
rent, ce qui leur fut comme un étai et ap-
pui qui leur vint à point pour les engarder
de tomber.

Ayant ainsi Daphnis contre son espérance vu, et davantage ayant baisé sa
Chloé, s'assit auprès du feu et déchargea
sur la table ses grives et ses ramiers, con-
tant à la compagnie comment, ennuyé de
tant demeurer à la maison, il s'en étoit venu
chasser aux oiseaux, et comment il en
avoit pris aucuns avec des collets, d'autres
avec des gluaux, ainsi qu'ils venoient aux
grains de lierre et de myrte. Ceux de la
maison le louèrent grandement de son bon
esprit, et le prièrent de manger à bonne
chère de ce que le mâtin leur avoit laissé,
commandant à Chloé qu'elle leur versât à
boire, ce qu'elle fit bien volontiers, à tous
les autres premièrement, et puis à Daphnis
le dernier; car elle faisoit semblant d'être

fâchée contre lui de ce qu'étant venu si près, il s'en étoit voulu aller sans la voir ni parler à elle; et néanmoins, avant que lui présenter à boire, elle but un trait en la tasse, puis lui bailla le demeurant, et lui, encore qu'il eût grand'soif, but lentement et à longue haleine, pour en avoir tant plus de plaisir.

Si fut tantôt la table vide de pain et chair, et lors, assis, ils lui demandèrent nouvelles de Myrtale et Lamon, disant qu'ils étoient bien heureux d'avoir un tel bâton de leur vieillesse; desquelles louanges Daphnis n'étoit pas marri, mêmement qu'on les lui donnoit en présence de sa Chloé. Mais quand ils lui dirent qu'ils le retenoient ce jour et celui d'après, à cause qu'ils devoient le lendemain faire un sacrifice à Bacchus, peu s'en fallut qu'il ne les adorât au lieu de Bacchus. Si tira de son bissac force gâteaux, et des oiseaux qu'ils habillèrent pour le souper. Ainsi fut derechef le feu allumé, le vin tiré, la table dressée, et sitôt qu'il fut nuit close se mirent à manger, après quoi ils passèrent le temps, partie à faire des plaisants contes, et partie à chanter, jusqu'à ce que sommeil leur vint; et lors ils s'en allèrent coucher, Chloé avec sa mère, Daphnis avec Dryas.

Daphnis et Chloé.

Chloé n'eut autre bien la nuit que de penser à son Daphnis, qu'elle verroit le lendemain tout le jour, et lui se repaissoit d'une vaine volupté, tenant à grand heur de coucher seulement avec le père de sa Chloé; de sorte que plus d'une fois il l'embrassa et baisa, croyant en rêve embrasser et baiser Chloé.

Le matin il fit un froid extrême, et tira un vent de bise si âpre qu'il brûloit et perçoit tout. Quand ils furent levés, Dryas sacrifia à Bacchus un chevreau d'un an, alluma un grand feu et apprêta le dîner. Adonc, cependant que Napé entendoit à cuire le pain, et Dryas à faire bouillir le chevreau, Chloé et Daphnis, étant de loisir, sortirent tous deux de la maison et s'en allèrent sous le lierre, où ils dressèrent des collets, tendirent des gluaux et prirent encore grand nombre d'oiseaux, en s'entre-baisant parmi continuellement, et tenant tels propos amoureux : « Je suis venu pour toi, « Chloé.—Je sais bien, Daphnis.—A cause « de toi, belle, je tue ces pauvres oiseaux. « Qu'est-il de nos amours? m'as-tu point « oublié?— Non, par les Nymphes que je « t'ai jurées dans cette grotte où nous nous « reverrons dès que la neige sera fondue. « —Ah! Chloé, qu'elle est haute cette neige!

« ne fondrai-je point moi-même avant elle?
« — Ne te soucie, Daphnis; le soleil sera
« chaud, mais que vienne prime-vère.—Ah!
« le fût-il déjà comme le feu qui brûle mon
« cœur!— Badin, tu te moques de moi, et
« tu me tromperas quelque jour.—Non fe-
« rai, par mes chèvres que tu m'as fait ju-
« rer. »

Ainsi que Chloé répondoit en cette sorte
à son Daphnis, ne plus ne moins que l'é-
cho, Napé les appela : ils s'y en coururent,
portant avec eux leur prise, bien plus
grande que celle de la veille, et, après avoir
fait des libations à Bacchus, se mirent à
manger, ayant sur leurs têtes des couronnes
de lierre; et à la fin, ayant bien repu et
chanté l'hymne à Bacchus, renvoyèrent
Daphnis en lui garnissant très bien son
bissac de pain et de chair, et si lui rendi-
rent ses grives et ramiers, disant que quant
à eux ils en prendroient bien toujours
quand ils voudroient, tant que dureroit
l'hiver, et que les grappes ne faudroient au
lierre. Ainsi se partit Daphnis, en les baisant tous premier que Chloé, afin que son
baiser lui restât pur et net. Depuis il y revint plusieurs fois par autres subtilités, de
sorte que l'hiver ne se passa point tout pour
eux sans quelque plaisir amoureux.

Et sur le commencement du printemps, que la neige se fondoit, la terre se découvroit et l'herbe dessous poignoit, les bergers alors sortirent et menèrent leurs bêtes aux champs, mais devant tous Daphnis et Chloé, comme ceux qui servoient eux-mêmes à un bien plus grand pasteur ; et d'abord s'en coururent droit aux Nymphes dans la caverne, ensuite à Pan sous le pin, puis sous le chêne, où ils s'assirent en regardant paître leurs troupeaux et s'entrebaisant quant et quant ; puis allèrent chercher des fleurs pour en faire des couronnes aux Dieux. Mais les fleurs à peine commençoient d'éclore, par la douceur du petit béat de zéphyre qui les ranimoit, et la chaleur du soleil qui les entr'ouvroit. Toutefois encore trouvèrent-ils de la violette, des narcisses, du muguet, et autres telles premières fleurs que produit la saison nouvelle, dont ils firent des chapelets et en couronnèrent les têtes aux images, en leur offrant du lait nouveau de leurs brebis et de leurs chèvres ; puis essayèrent à jouer un peu de leurs chalumeaux, comme s'ils eussent voulu provoquer les rossignols à chanter, lesquels leur répondoient de dedans les buissons, commençant petit à petit à lamenter encore Itys et recorder leur ramage, qu'un long silence leur avoit fait oublier.

Et alors aussi les brebis béloient, les agneaux sautoient et se courboient sous le ventre de leur mère, les béliers poursuivoient les brebis qui n'avoient point encore agnelé, et, les ayant arrêtées, sailloient puis l'une, puis l'autre; autant en faisoient les boucs après les chèvres, sautant à l'environ, combattant et se cossant fièrement pour l'amour d'elles. Chacun avoit les siennes à soi, et gardoit qu'autre ne fît tort à ses amours; toutes choses dont la vue auroit en des vieillards éteints rallumé le feu de Vénus, et trop mieux échauffoit ces deux jeunes personnes, qui, de long-temps inquiets, pourchassant le dernier but du contentement d'amour, brûloient et se consumoient de tout ce qu'ils entendoient et voyoient, cherchant quelque chose qu'ils ne pouvoient trouver, outre le baiser et l'embrasser. Mêmement Daphnis, qui, devenu grand et en bon point, pour n'avoir bougé tout l'hiver de la maison à ne rien faire, frissoit après le baiser, et étoit gros, comme l'on dit, d'embrasser, faisant toutes choses plus curieusement et plus hardiment que paravant, pressant Chloé de lui accorder tout ce qu'il vouloit, et de se cou-

cher nue à nu avec lui plus longuement
qu'ils n'avoient accoutumé. « Car il n'y a,
« disoit-il, que ce seul point qui nous
« manque des enseignements de Philétas,
« pour la dernière et seule médecine qui
« apaise l'amour. »

Et Chloé lui demandant ce qu'il y pouvoit avoir outre se baiser, s'embrasser et se
coucher tout vêtus, et ce qu'il pensoit faire
plus quand ils seroient couchés nus ? « Cela,
« lui dit-il, que les beliers font aux brebis
« et les boucs aux chèvres. Vois-tu com-
« ment après cela les brebis ne s'enfuient
« plus, ni les beliers ne se travaillent plus
« à courir après, mais paissent tous les deux
« amiablement ensemble, comme étant l'un
« et l'autre assouvis et contents; et doit
« bien être quelque chose plus douce que
« ce que nous faisons, et dont la douceur
« surpasse l'amertume d'amour.—Et mais,
« fit-elle, vois-tu pas que les beliers et les
« brebis, les boucs et les chèvres, faisant ce
« que tu dis, se tiennent debout; les mâles
« montent dessus, les femelles soutiennent
« les mâles sur le dos. Et toi tu veux que
« je me couche avec toi à terre, et toute
« nue. Sont-elles donc pas plus vêtues de
« leur laine ou bien de leur poil que moi
« de ce qui me couvre? »

Il la crut, et comme elle voulut, se coucha près d'elle, où il fut longtemps, ne sachant comment faire pour venir à bout de
ce qu'il desiroit. Il la fit relever, l'embrassa
par derrière en imitant les boucs; mais il
s'en trouvoit encore moins satisfait que devant. Si se rassit à terre, et se prit à pleurer de ce qu'il savoit moins que les belins
accomplir les œuvres d'amour.

Or y avoit-il non guère loin de là un qui
cultivoit son propre héritage et s'appeloit
Chromis, homme ayant jà passé le meilleur de son âge et étant tout-à-l'heure
cassé. Il tenoit avec soi certaine petite
femme, jeune et belle et délicate, pour
autant mêmement qu'elle étoit de la ville,
et avoit nom Lycenion; laquelle, voyant
passer tous les matins Daphnis, qui menoit
ses bêtes en pâture et le soir les ramenoit
au tect, eut envie de s'accointer de lui pour
en faire son amoureux, et tant le guetta,
qu'une fois le trouvant seulet, elle lui
donna une flûte, une gaufre à miel, et une
panetière de peau de cerf; mais elle n'osa
lui rien dire, se doutant qu'il aimoit Chloé,
parce qu'il étoit toujours avec elle; et néanmoins n'en savoit autre chose, sinon qu'elle
les avoit vus sourire l'un à l'autre et se faire
des signes. Si fit entendre à Chromis, un

matin, qu'elle s'en alloit voir une sienne
voisine en travail d'enfant, suivit les jeunes
gens pas à pas, et, se cachant entre des buissons pour n'être point aperçue, vit de là
tout ce qu'ils faisoient, entendit tout ce
qu'ils disoient, et très bien sut remarquer
comment et pour quelle cause pleuroit le
pauvre Daphnis. Par quoi, ayant pitié de
leur peine, et quant et quant considérant
que double occasion de bien faire se présentoit à elle, l'une de les instruire de leur
bien, l'autre d'accomplir son desir, elle usa
d'une telle finesse :

Le lendemain, feignant d'aller voir sa voisine qui travailloit d'enfant, elle vient droit
au chêne sous lequel étoit Daphnis avec
Chloé, et, contrefaisant la marrie troublée :
« Hélas ! mon ami, dit-elle, Daphnis, je te
« prie, aide-moi. De mes vingt oisons,
« voilà un aigle qui m'en emporte le plus
« beau. Mais, parce qu'il est trop pesant,
« l'aigle ne l'a pu enlever jusque sur cette
« roche là haut, où est son aire, ains est
« allé cheoir avec au fond du vallon, de-
« dans ce bois ici : et pour ce, je te prie,
« mon Daphnis, viens-y avec moi, car toute
« seule j'ai peur, et m'aide à le recourir.
« Ne veuille souffrir que mon compte de-
« meure imparfait. A l'aventure pourras-tu

« bien tuer l'aigle même, qui ainsi ne ra-
« vira plus vos agneaux ni vos chevreaux;
« et Chloé ce temps pendant gardera vos
« deux troupeaux. Tes chèvres la connois-
« sent aussi bien comme toi, car vous êtes
« toujours ensemble. »

Daphnis, ne se doutant de rien, se leva
incontinent, prit sa houlette en sa main, et
s'en fut avec Lycenion. Elle le mena loin
de Chloé, dans le plus épais du bois, près
d'une fontaine, où l'ayant fait seoir : « Tu
« aimes, lui dit-elle, Daphnis, tu aimes la
« Chloé. Les Nymphes me l'ont dit cette
« nuit. Elles me sont venues, ces Nymphes,
« conter en dormant les pleurs que tu fai-
« sois hier, et si m'ont commandé que je
« t'ôtasse de cette peine, en t'apprenant
« l'œuvre d'amour, qui n'est pas seule-
« ment baiser et embrasser, ni faire comme
« les beliers et bouquins; c'est bien autre
« chose, et bien plus plaisante que tout
« cela. Par quoi, si tu veux être quitte du
« déplaisir que tu en as, et trouver l'aise
« que tu y cherches, ne fais seulement que
« te donner à moi, apprenti joyeux et gail-
« lard, et moi, pour l'amour des Nymphes,
« je te montrerai ce qui en est. »

Daphnis perdit toute contenance, tant il
fut aise, comme un pauvre garçon de vil-

lage jeune et amoureux. Si se met à genoux
devant Lycenion, la priant à mains jointes
de tôt lui montrer ce doux métier, afin qu'il
pût faire à Chloé ce qu'il désiroit; et comme
si c'eût été quelque grand et merveilleux
secret, lui promit un chevreau de lait, des
fromages frais, de la crème, et plutôt la
chèvre avec. Adonc le voyant Lycenion
plus naïf et plus simple encore qu'elle n'a-
voit imaginé, se prit à l'instruire en cette
façon. Elle lui commanda de s'asseoir auprès d'elle, puis de la baiser tout ainsi
qu'ils avoient de coutume entre eux, et en
la baisant de l'embrasser, et finalement de
se coucher à terre au long d'elle. Comme
il se fut assis, qu'il l'eut baisée, se fut couché, elle, le trouvant en état, le souleva un
peu et se glissa sous lui, puis elle le mit
dans le chemin qu'il avoit jusque-là cher-
ché, où chose ne fit qui ne soit en tel cas
accoutumée, nature elle-même du reste
l'instruisant assez.

Finie l'amoureuse leçon, Daphnis, aussi
simple que devant, s'en voulut courir vers
Chloé pour lui faire tout aussitôt ce qu'il
venoit d'apprendre, comme s'il eût eu peur
de l'oublier. Mais Lycenion le retint et lui
dit : « Il faut que tu saches encore ceci,
« Daphnis : c'est que, comme j'étois déjà

« femme, tu ne m'as point fait mal à ce
« coup ; car un autre homme, il y a déjà
« quelque temps, m'enseigna cela que je te
« viens d'apprendre et en eut mon puce-
« lage pour son loyer. Mais Chloé, lors-
« qu'elle luttera cette lutte avec toi, la pre-
« mière fois elle criera, elle pleurera, et si
« saignera comme qui l'auroit tuée ; mais
« n'aye point de peur, et quand elle vou-
« dra se prêter à toi, amène-la ici, afin que
« si elle crie, personne ne l'entende, et si
« elle pleure, personne ne la voie, et si elle
« saigne, qu'elle se puisse laver en cette
« fontaine. Et te souvienne cependant que
« je t'ai fait homme premier que Chloé. »

Après lui avoir donné ces avis, Lycenion
s'en alla d'un autre côté du bois, faisant
semblant de chercher encore son oison,
et Daphnis alors, songeant à ce qu'elle lui
avoit dit, ne savoit plus s'il oseroit rien exi-
ger de Chloé outre le baiser et l'embrasser.
Il ne vouloit point la faire crier, car ce lui
sembloit acte d'ennemi ; ni la faire pleurer, car c'eût été signe qu'elle eût senti
mal ; ou la faire saigner, car, étant novice,
il craignoit ce sang, et pensoit être impos-
sible qu'il sortît du sang sinon d'une
blessure. Si s'en revint du bois en résolution de prendre avec elle les plaisirs accou-

tumés seulement, et, venu à l'endroit où elle
étoit assise faisant un chapelet de violette,
lui controuva qu'il avoit arraché des serres
mêmes de l'aigle l'oison de Lycenion; puis,
l'embrassant, la baisa comme Lycenion
l'avoit baisé durant le déduit, car cela seul
lui pouvoit-il, à son avis, faire sans danger; et Chloé lui mit sur la tête le chapelet
qu'elle avoit fait, et en même temps lui baisoit les cheveux, comme sentant à son gré
meilleur que les violettes; puis lui donna
de sa panetière à repaître du raisin sec et
quelques pains, et souventefois lui prenoit
de la bouche un morceau et le mangeoit,
elle, comme petits oiseaux prennent la bec-
quée du bec de leur mère.

Ainsi qu'ils mangeoient ensemble, ayant
moins de souci de manger que de s'entre-
baiser, une barque de pêcheurs parut, qui
voguait au long de la côte. Il ne faisoit
vent quelconque, et étoit la mer fort calme,
au moyen de quoi ils alloient à rames et
ramoient à la plus grande diligence qu'ils
pouvoient, pour porter en quelque riche
maison de la ville leur poisson tout frais
pêché; et ce que tous mariniers ont accoutumé de faire pour alléger leur travail,
ceux-ci le faisoient alors; c'est que l'un
d'eux chantoit une chanson marine, dont

la cadence régloit le mouvement des rames,
et les autres, de même qu'en un chœur de
musique, unissoient par intervalles leur
voix à celle du chanteur. Or, tant qu'ils
voguèrent en pleine mer, le son, dans cette
étendue, se perdoit, et la voix s'évanouis-
soit en l'air; mais quand ils vinrent à passer
la pointe d'un écueil et entrer en une baye
profonde en forme de croissant, on ouït
bien plus fort le bruit des rames, et bien
plus distinctement le refrain de leur chanson, pource que le fond de la baye se ter-
minoit en un vallon creux, lequel, recevant
le son comme le vent qui s'entonne dedans
une flûte, rendoit un retentissement qui
représentoit à part le bruit des rames, et
la voix des chanteurs à part, chose plaisante à ouïr. Car comme une voix venoit
d'abord de la mer, celle qui répondoit de
terre résonnoit d'autant plus tard, que
plus tard avoit commencé l'autre.

Daphnis, qui savoit que c'étoit de ce retentissement, ne regardoit rien qu'en la
mer, et prenoit singulier plaisir à voir la
barque voguer vite comme voleroit un oiseau, tâchant à retenir quelque chose de la
chanson qu'il pût jouer après sur sa flûte.
Mais Chloé, n'ayant jamais ouï ce résonne-
ment de la voix qu'on appelle écho, tour-

noit la tête, tantôt du côté de la mer, lorsque les pêcheurs chantoient, tantôt vers le
bois, cherchant qui leur répondoit. Eux
passés, tout se tut en la mer et dans le vallon, et Chloé demandoit à Daphnis si derrière l'écueil y avoit point une autre mer,
une autre barque et d'autres rameurs qui
chantassent. Il se prit doucement à sourire,
et plus doucement encore la baisa; puis,
lui mettant sur la tête le chapelet de violettes, commença à lui conter la fable d'É-
cho, lui demandant pour loyer de lui faire
ce beau conte dix autres baisers Si lui
dit : « Il y a, ma mie, plusieurs sortes de
« Nymphes : les unes sont Nymphes des
« bois, les autres des prés ou des eaux,
« toutes belles, toutes savantes en l'art de
« chanter; et fille d'une d'elles fut jadis
« Écho, mortelle, pource qu'elle étoit née
« d'un père mortel; belle, comme fille de
« belle mère. Elle fut nourrie par les Nym-
« phes et apprise par les Muses, qui lui
« montrèrent à jouer de la flûte, à former
« des sons sur la lyre et sur la cithare, et
« lui enseignèrent toute sorte de chant; si
« qu'étant jà venue en la fleur de son âge,
« elle dansoit avec les Nymphes et chantoit
« avec les Muses : mais elle fuyoit les
« mâles, autant les Dieux que les hommes,

« aimant la virginité. Pan se courrouça
« contre elle, jaloux de ce qu'elle chantoit
« si bien, et dépité de ne pouvoir jouir de
« sa beauté. Il rendit furieux les pâtres et
« chevriers du pays, qui, comme loups ou
« chiens enragés, se jetèrent sur la pauvre
« fille, la déchirèrent, chantant encore, et
« çà et là dispersèrent ses membres pleins
« d'harmonie. Terre les reçut en f veur
« des Nymphes, conserva son chant, retient
« sa musique, et depuis, par le vouloir des
« Muses, imite les voix et les sons, repré-
« sente, ainsi que faisoit la pucelle de son
« vivant, hommes, Dieux, bêtes, instru-
« ments, et Pan quand il joue de la flûte,
« lequel, entendant contrefaire son jeu,
« saute et court par les montagnes, non
« pour autre envie, mais cherchant où est
« l'écolier qui se cache et répète son jeu,
« sans qu'il le voie ni connoisse. »

Daphnis ayant fait ce conte, Chloé le
baisa, non seulement dix fois, comme il
avoit demandé, mais beaucoup plus. Car
Écho redit, peu s'en faut, tout ce qu'il
avoit dit, comme pour témoigner qu'il n'a-
voit point menti.

La chaleur alloit tous les jours de plus
en plus augmentant, parce que le printemps finissoit et l'été commençoit; et aussi

avoient-ils de nouveaux passe temps conve-
nables à la saison d'été. Daphnis nageoit
dans les rivières, Chloé se baignoit dans
les fontaines; il jouoit de la flûte à l'envi
des pins que les vents faisoient résonner;
elle chantoit à l'encontre des rossignols à
qui mieux mieux. Ensemble ils chassoient
aux cigales, prenoient des sauterelles, cueil-
loient les fleurs, crouloient les arbres, mangeoient les fruits; et à la fin se couchèrent
tous deux sous une même peau de chèvre,
nue à nu; et lors eût Chloé facilement été
faite femme, si Daphnis n'eût craint de lui
faire sang; de quoi il avoit si belle peur,
qu'appréhendant de n'être pas toujours
maître de soi, souvent il empêchoit Chloé
de se dépouiller toute nue, tellement
qu'elle-même s'en étonnoit; mais elle avoit
honte de lui en demander la cause.

Il y eut durant cet été grande presse et
pourchas amoureux autour de Chloé pour
l'avoir en mariage, et venoit-on de tous
côtés la demander à Dryas. Aucuns lui
portoient des présents, et tous lui faisoient
de grandes promesses; tellement que Napé,
mue d'avarice, lui conseilloit de la marier,
et ne tenir point plus long-temps une fille
si grande en sa maison; que si on ne se
hâtoit de lui donner mari, elle pourroit

l'aventure bientôt, en gardant ses bêtes par
les champs, perdre son pucelage, et se marier pour des pommes ou des roses avec
quelque berger; et, ce disoit Napé, valoit
mieux, pour le bien d'elle et d'eux aussi,
la faire maîtresse de la maison de quelque
bon laboureur, et prendre ce qu'on leur
offroit, qu'ils garderoient à leur propre fils.
Car nonguères auparavant leur étoit né un
petit garçon. Et Dryas lui-même quelquefois se laissoit aller à ces raisons; aussi que
chacun lui faisoit des offres bien au-delà
de ce que méritoit une simple bergère; mais,
considérant puis après que la fille n'étoit
pas née pour s'allier en paysannerie, et que
s'il arrivoit qu'un jour elle retrouvât sa famille, elle les feroit tous heureux, il diffé-
roit toujours d'en rendre certaine réponse,
et les remettoit d'une saison à l'autre, dont
lui venoit à lui cependant tout plein de
présents qu'on lui faisoit.

Ce que Chloé entendant en étoit fort déplaisante, et toutefois fut long-temps sans
vouloir dire à Daphnis la cause de son
ennui Mais voyant qu'il l'en pressoit et
importunoit souvent, et s'ennuyoit plus de
n'en rien savoir qu'il n'auroit pu faire après
l'avoir su, elle lui conta tout : combien ils
étoient de poursuivants qui la deman-

doient ; combien riches ! les paroles que disoit Napé à celle fin de la faire accorder, et
comment Dryas n'y avoit point contredit,
mais remettoit le tout aux prochaines vendanges. Daphnis, oyant telles nouvelles, à
peine qu'il ne perdit sens et entendement ;
et, se séant à terre, se prit à pleurer, disant
qu'il mourroit si Chloé cessoit de venir aux
champs garder les bêtes avec lui, et que
non lui seulement, mais que les brebis et
moutons en mourroient de déplaisir, s'ils
perdoient une telle bergère. Puis y ayant
un peu pensé, il reprit courage et se mit
en tête qu'il la pourroit avoir lui-même,
s'il la demandoit à son père, espérant facilement l'emporter sur tous les autres, et
leur être préféré. Une chose pourtant le
troubloit : Lamon n'étoit pas riche ; ce seul
point lui affoiblissoit fort son espérance.
Toutefois il se résolut, quoi qu'il en pût
arriver, de la demander à femme, et Chloé
même en fut d'avis. Si n'en osa de prime
abord rien dire à Lamon, mais découvrit
plus hardiment son amour à Myrtale, et
lui tint propos comme il desiroit épouser
Chloé.

Myrtale la nuit en parla à son mari. Mais
Lamon le trouva fort mauvais, et appela sa
femme bête, de vouloir marier à une fille

de simples bergers tel gars, à qui elle savoit
bien que les marques et enseignes trouvées
quant et lui promettoient autre fortune,
et qui un jour ou l'autre, étant reconnu des
siens, les pourroit, eux, non seulement
affranchir de servitude, mais les faire maîtres de meilleure et plus grande terre que
celle qu'ils tenoient comme serfs. Myrtale,
toutefois, craignant que le garçon, épris d'a-
mour, s'il perdoit ainsi tout espoir de ce que
tant il désiroit, ne fût capable de quelque
funeste résolution, lui allégua d'autres mo-
tifs et prétextes de refus : « Nous sommes,
« ce lui dit-elle, pauvres, mon enfant, et
« avons besoin d'une fille qui nous ap-
« porte, plutôt qu'à qui il faille donner :
« au contraire ils sont riches, eux, et si
« veulent avoir un mari qui leur donne.
« Mais va, fais tant envers Chloé, et elle
« envers son père, qu'il ne nous demande
« pas grand'chose et qu'il te la donne en
« mariage. Sans doute elle t'aime aussi,
« et elle aimera bien mieux coucher avec
« toi pauvre et beau, qu'avec pas un de
« ceux-là, qui sont riches et laids comme
« marmots. »

Myrtale crut par ce moyen avoir doucement éconduit Daphnis. Car elle tenoit
pour tout assuré que jamais Dryas n'y con-

sentiroit, ayant en main de plus riches
partis qui lui offroient beaucoup de biens.
Daphnis, quant à lui, ne se pouvoit plaindre
de la réponse, mais, se voyant si loin d'espérance, fit ce que les amants qui sont pauvres ont accoutumé de faire : il se prit à
pleurer, et invoqua les Nymphes, lesquelles,
la nuit ensuivante, ainsi qu'il dormoit,
s'apparurent à lui, en même forme et manière que la première fois ; et lui dit la plus
âgée d'elles : « A un autre Dieu touche le
« soin du mariage de Chloé : nous te donne-
« rons, nous, de quoi gagner Dryas. Le
« bateau des Méthymniens, dont tes chè-
« vres broutèrent le lien l'année passée,
« fut ce jour-là par les vents emporté bien
« loin de terre : mais d'autres souffles la
« nuit le jetèrent contre la côte, où il périt
« et tout ce qui étoit dedans, sinon qu'avec
« le débris l'onde poussa sur la grève une
« bourse de trois cents écus, et est là cou-
« verte d'algue, près d'un dauphin mort,
« qui a été cause que nul passant ne s'en
« est encore approché, fuyant un chacun
« la puanteur de cette pourriture. Vas-y,
« prends la bourse, et la donne. Ce sera
« assez à cette heure pour montrer que tu
« n'es point pauvre : mais un temps vien-
« dra que tu seras riche. »

Aussitôt dites ces paroles, elles disparu-
rent avec la nuit, et, le jour commençant à
poindre, Daphnis se leva tout joyeux, chassa
ses bêtes aux champs avec les sons accou-
tumés, et, ayant baisé Chloé, salué les Nymphes, s'en courut au bord de la mer, comme
s'il eût voulu s'asperger d'eau marine. Là,
se promenant sur le sable, il alloit par-tout
regardant s'il trouveroit point ces trois
cents écus, à quoi il n'eut pas grand peine ;
car la mauvaise odeur du dauphin cor-
rompu lui donna incontinent au nez, et lui
servit de guide jusqu'au lieu où, ayant
écarté les algues, il trouva dessous la bourse
pleine, qu'il enleva, et la mit dans sa panetière. Mais il ne partit point de là qu'il
n'eût adoré et remercié les Nymphes, et
même la mer ; car, tout berger qu'il étoit,
il aimoit la mer alors, et elle lui sembloit
douce et bonne plus que la terre, pource
qu'elle l'aidoit à parvenir au mariage de
son amie. Étant saisi de cet argent, il n'attendit pas davantage ; ains, s'estimant le
plus riche, non pas seulement de tous les
paysans de là entour, mais aussi de tous
les vivants, s'en alla droit à Chloé, lui
conta le songe qu'il avoit eu, lui montra la
bourse qu'il avoit trouvée, et lui dit de
garder leurs bêtes jusqu'à ce qu'il fût de

retour; puis prit sa course vers Dryas, lequel il trouva battant le bled dans l'aire avec sa femme Napé. Si lui commença un brave propos, en lui disant ces paroles :

« Donne-moi Chloé en mariage. Je sais
« bien jouer de la flûte; je sais bien beso-
« gner aux vignes et aux arbres, labourer
« la terre, vanner le bled au vent; et com-
« ment je sais gouverner les bêtes, elle-
« même Chloé te le peut témoigner. On
« me bailla au commencement cinquante
« chèvres; je les ai fait multiplier deux fois
« autant, et si ai élevé de beaux et grands
« boucs jusqu'à dix, là où premièrement,
« n'en ayant que deux, nous falloit la plu-
« part du temps mener nos chèvres ailleurs;
« et si suis jeune et votre voisin, de qui nul
« ne se sauroit plaindre. Une chèvre m'a
« nourri, comme Chloé une brebis; et bien
« que pour tant de choses je dusse être pré-
« féré aux autres qui la demandent, encore
« te donnerai-je plus qu'eux. Ils te donne-
« ront, eux, quelques chèvres, quelques
« moutons, quelque couple de bœufs ga-
« leux, du bled de quoi nourrir trois
« poules; mais moi, voici trois cents écus.
« Seulement, je te prie que personne n'en
« sache rien, non pas même mon père La-

« mon. » En disant ces mots, il lui délivra l'argent, et le baisa quant et quant.

Dryas et Napé, voyant si grosse somme de deniers qu'ils n'en avoient jamais tant vu ensemble, lui promirent aussitôt qu'il auroit Chloé pour sa femme, et dirent qu'ils feroient bien trouver bon ce mariage à Lamon. Si demeurèrent Daphnis et Napé à chasser les bœufs sur l'aire, et faire sortir avec la herse le bled des épis, pendant que Dryas, ayant prèmièrement serré la bourse et l'argent, s'en alla devers Lamon et Myrtale, pour leur demander, à vrai dire au rebours de la coutume, leur jeune garçon en mariage.

Il les trouva qu'ils mesuroient l'orge après l'avoir vannée, et se plaignoient qu'à grand peine en recueilloient-ils autant comme ils en avoient semé. Il les reconforta, disant qu'ainsi étoit-il par-tout; puis leur demanda Daphnis à mari pour Chloé, et leur dit que, combien que d'autres lui offrissent et donnassent beaucoup pour l'accorder, il ne vouloit d'eux rien avoir, ains plutôt étoit prêt à leur donner du sien. Car ils ont, disoit-il, été nourris ensemble, et, gardant leurs bêtes aux champs, se sont pris l'un l'autre en telle amitié, qu'il seroit maintenant malaisé de les séparer; et si

étoient bien d'âge tous deux pour coucher
ensemble. Il leur alléguoit ces raisons et
assez d'autres, comme celui qui, pour loyer
de les persuader, avoit reçu trois cents
écus.

Lamon, ne pouvant plus s'excuser sur sa
pauvreté, puisque les parents même de la
fille l'en prioient, ni sur l'âge de Daphnis,
car il étoit déjà en son adolescence bien
avant, n'osa néanmoins dire encore à quoi
tenoit qu'il n'y consentît, qui étoit que tel
parentage ne convenoit point à Daphnis;
mais, après y avoir un peu de temps pensé,
il lui répondit en cette sorte : « Vous êtes
« gens de bien de préférer vos voisins à
« des étrangers, et de n'aimer point plus la
« richesse que l'honnéte pauvreté. Veuil-
« lent Pan et les Nymphes vous en récom-
« penser! Et quant à moi, je vous promets
« que j'ai autant d'envie comme vous que
« ce mariage se fasse; autrement serois-je
« bien insensé, me voyant déjà sur l'âge et
« ayant plus besoin d'aide que jamais, si
« je n'estimois un grand heur d'être allié
« de votre maison; et si est Chloé telle
« que l'on la doit souhaiter, belle et bonne
« fille, et où il n'y a que redire. Mais, étant
« serf comme je suis, je n'ai rien dont je
« puisse disposer, ains faut que mon maître

« le sache et qu'il y consente. Or donc,
« différons, je vous prie, les noces jusques
« aux vendanges, car il doit, au dire de
« ceux qui nous viennent de la ville, se
« trouver alors ici; et lors ils seront mari
« et femme, et en attendant s'aimeront
« comme frère et sœur. Mais veux-tu que
« je te dise? tu prétends pour gendre, Dryas,
« un qui vaut trop mieux que nous. » Cela
dit, il le baisa et lui présenta à boire, car
il étoit jà près de midi, et le convoya au
retour quelque espace de chemin, lui faisant caresses infinies.

Mais Dryas, qui n'avoit pas mis en oreille
sourde les dernières paroles de Lamon, s'en
alloit songeant en lui-même qui pouvoit
être Daphnis : « Une chèvre fut sa nour-
« rice; les Dieux ont eu soin de lui. Il est
« beau et ne tient en rien de ce vieillard
« camus ni de sa femme pelée. Il a trouvé
« à son besoin ces trois cents écus; à peine
« pourroit un chevrier finer autant de noi-
« settes. N'auroit-il point été exposé comme
« Chloé? Lamon l'auroit-il point trouvé,
« comme moi cette petite, avec telles mar-
« ques et enseignes comme j'en trouvai
« quant et elle? O Pan, et vous, Nymphes,
« veuillez qu'il soit ainsi! A l'aventure un
« jour Daphnis, reconnu de ses parents,

« pourra bien faire connoître ceux de Chloé
« aussi. »

Dryas s'en alloit discourant et rêvant
ainsi en lui-même jusques à son aire, où il
trouva le gars en grande dévotion d'ouïr
quelles nouvelles il apportoit. Si le reconforta en l'appelant de tout loin son gendre,
lui promit les noces sans faute aux prochaines vendanges, lui donna la main, foi
de laboureur, que Chloé jamais ne seroit
à autre que lui. Daphnis aussitôt, sans vouloir ni boire ni manger, s'en recourut vers
elle, et l'ayant trouvée qui tiroit ses brebis
et faisoit des fromages, il lui annonça la
bonne nouvelle de leur futur mariage, et
de là en avant ne feignoit de la baiser devant tout le monde, comme sa fiancée, et
l'aider en toutes ses besognes, tiroit les
brebis dans les seilles, faisoit prendre le lait
pour en faire des fromages, mettoit les
agneaux sous leur mère, comme aussi ses
chevreaux à lui ; puis quand tout cela étoit
fait, ils se baignoient, mangeoient, buvoient, puis alloient en quête des fruits
mûrs, dont y avoit grande abondance,
pource que c'étoit après l'oût, dans la richesse de l'automne ; force poires de bois,
force nèfles et azeroles, force pommes de
coing, les unes à terre tombées, les autres

aux branches des arbres. A terre e'les
avoient meilleure senteur, aux branches
elles étoient plus fraîches; les unes sentoient comme malvoisie, les autres relui-
soient comme or.

Parmi ces pommiers, un, ayant été déjà
tout cueilli, n'avoit plus ni feuille ni fruit.
Les branches étoient nues, et n'étoit de-
meuré qu'une seule pomme à la cime de la
plus haute branche. La pomme, belle et
grosse à merveille, sentoit aussi bon ou
mieux que pas une; mais qui avoit cueilli
les autres n'avoit osé monter si haut, ou ne
s'étoit soucié de l'abattre; ou possible une
si belle pomme étoit réservée pour un pasteur amoureux. Daphnis ne l'eut pas sitôt
vue qu'il se mit en devoir de l'aller cueillir.
Chloé l'en voulut garder; mais il n'en tint
compte; pourquoi elle, peureuse et dépite
de n'être pas écoutée, s'en fut où étoient
leurs troupeaux, et Daphnis, montant au
fin faîte de l'arbre, atteignit la pomme, qu'il
cueillit, et la lui porta. et, la voyant mal
contente, lui dit telles paroles : « Cette
« pomme, Chloé ma mie, les beaux jours
« d'été l'ont fait naître, un bel arbre l'a
« nourrie; puis, mûrie par le soleil, for-
« tune l'a conservée. J'eusse été aveugle
« vraiment de ne la pas voir là, et sot,

« l'ayant vue, de l'y laisser, pour qu'elle
« tombât à terre, et fût foulée aux pieds
« des bêtes, ou envenimée de quelque ser-
« pent qui eût frayé au long; ou bien,
« demeurant là-haut, regardée, admirée,
« enviée, eût été gâtée par le temps. Une
« pomme fut donnée à Vénus comme à la
« plus belle; tu mérites aussi bien le prix.
« Ayant même beauté l'une et l'autre,
« vous avez juges pareils. Il étoit berger,
« lui; moi je suis chevrier. »

Disant ces mots, il mit la pomme au gi-
ron de Chloé, et elle, comme il s'approcha,
le baisa si soevement. qu'il n'eut point de
regret d'être monté si haut, pour un baiser
qui valoit mieux à son gré que les pommes
d'or.

LIVRE QUATRIÈME

Cependant un des gens du maître de La-mon, envoyé de la ville, lui apporta nouvelles que leur commun seigneur vien-droit, un peu devant les vendanges, voir si la guerre auroit point fait de dommages en ses terres; à l'occasion de quoi Lamon, étant la saison avancée et passé le temps des chaleurs, accoutra diligemm ogis et jardins, pour que le maître n'y vît rien qui ne fût plaisant à voir. Il cura les fontai-nes, afin que l'eau en fût plus nette et plus claire; il ôta le fumier de la cour, crainte que la mauvaise odeur ne lui en fâchât; il mit en ordre le verger, afin qu'il le trou-vât plus beau.

Vrai est que le verger, de soi, étoit une bien belle et plaisante chose, et qui tenoit

fort de la magnificence des rois. Il s'éten-
doit environ demi-quart de lieue en lon-
gueur, et étoit en beau site élevé, ayant de
largeur cinq cents pas, si qu'il paroissoit
à l'œil comme un carré allongé. Toutes
sortes d'arbres s'y trouvoient, pommiers,
myrtes, mûriers, poiriers; comme aussi
des grenadiers, des figuiers, des oliviers,
en plus d'un lieu de la vigne haute sur les
pommiers et les poiriers, où raisins et
fruits mûrissant ensemble, l'arbre et la
vigne entre eux sembloient disputer de fé-
condité. C'étoient là les plants cultivés;
mais il y avoit aussi des arbres non portant fruit et croissant d'eux-mêmes, tels
que platanes, lauriers, cyprès, pins; et
sur ceux-là, au lieu de vigne, s'étendoient
des lierres, dont les grappes grosses et jà
noircissantes contrefaisoient le raisin. Les
arbres fruitiers étoient au dedans vers le
centre du jardin, comme pour être mieux
gardés, les stériles aux orées tout alentour
comme un rempart, et tout cela clos et en-
vironné d'un petit mur sans ciment. Au
demeurant, tout y étoit bien ordonné et
distribué, les arbres par le pied distants les
uns des autres, mais leurs branches par
en haut tellement entrelacées, que ce qui
étoit de nature sembloit exprès artifice.

Puis y avoit des carreaux de fleurs, desquelles nature en avoit produit aucunes et
l'art de l'homme les autres ; les roses, les
œillets, les lis y étoient venus moyennant
l'œuvre de l'homme ; les violettes, le nar-
cisse, les marguerites, de la seule nature.
Bref, il y avoit de l'ombre en été, des fleurs
au printemps, des fruits en automne, et en
tout temps toutes délices.

On découvroit de là grande étendue de
plaine, et pouvoit-on voir les bergers gardant leurs troupeaux et les bêtes emmi les
champs ; de là se voyoit en plein la mer et
les barques allant et venant au long de la
côte, plaisir continuel joint aux autres
agréments de ce séjour. Et droit au milieu
du verger, à la croisée de deux allées qui
le coupoient en long et en large, y avoit un
temple dédié à Bacchus avec un autel, l'autel tout revêtu de lierre et le temple couvert de vigne. Au dedans étoient peintes les
histoires de Bacchus : Sémèle qui accou-
choit, Ariane qui dormoit, Lycurgue lié,
Penthée déchiré, les Indiens vaincus, les
Tyrrhéniens changés en dauphins, par-tout
des Satyres gaîment occupés aux pressoirs
et à la vendange, par-tout des Bacchantes
menant des danses. Pan n'y étoit point oublié, ains étoit assis sur une roche, jouant

de sa flûte, en manière qu'il sembloit qu'il
jouât une note commune, et aux Bacchantes
qui dansoient, et aux Satyres qui fouloient
la vendange.

Le verger étant tel d'assiette et de nature,
Lamon encore l'approprioit de plus en plus,
ébranchant ce qui étoit sec et mort aux arbres, et relevant les vignes qui tomboient.
Tous les jours il mettoit sur la tête de Bacchus un chapeau de fleurs nouvelles; il
conduisoit l'eau de la fontaine dedans les
carreaux où étoient les fleurs; car il y avoit
dans ce verger une source vive que Daphnis avoit trouvée, et pour ce l'appeloit-
on la fontaine de Daphnis, de laquelle on
arrosoit les fleurs. Et à lui, Lamon lui re-
commandoit qu'il engraissât bien ses chèvres le plus qu'il pourroit, parce que le
maître ne faudroit à les vouloir voir comme
le reste, n'ayant de long-temps visité ses
terres et son bétail.

Mais Daphnis n'avoit pas peur qu'il ne
fût loué de quiconque verroit son troupeau, car il l'avoit accru du double, et
montroit deux fois autant de chèvres
comme on lui en avoit baillé, n'en ayant
le loup ravi pas une; et si étoient en meilleur point et plus grasses que les ouailles.
Afin néanmoins que son maître en eût de

tant plus affection de le marier où il vouloit, il employoit toute la peine, soin et
diligence qu'il pouvoit à les rendre belles,
les menant aux champs dès le plus matin
et ne les ramenait qu'il ne fût bien tard.
Deux fois le jour il les faisoit boire, et leur
cherchoit tous les endroits où il y avoit
meilleure pâture : il se souvint aussi d'avoir
des battes neuves, force seilles à traire et
des éclisses plus grandes; enfin, tant il y
mettoit d'amour et de souci, il leur oignoit
les cornes, il leur peignoit le poil ; à les
voir on eût dit proprement que c'étoit le
troupeau sacré du dieu Pan. Chloé en
avoit la moitié de la peine, et, oubliant ses
brebis, étoit la plupart du temps embeso-
gnée après les chèvres ; et Daphnis croyoit
qu'elles sembloient belles à cause que Chloé
y mettoit la main.

Eux étant ainsi occupés, vint un second
messager dire qu'on vendangeât au plus
tôt, et qu'il avoit charge de demeurer là
jusqu'à ce que le vin fût fait, pour puis
après s'en retourner en la ville querir leur
maître, qui ne viendroit sinon au temps
de cueillir les derniers fruits, sur la fin de
l'automne. Ce messager s'appeloit Eudrome,
qui vaut autant dire comme coureur, et
étoit son métier de courir par-tout où on

l'envoyoit. Chacun s'efforça de lui faire la meilleure chère qu'on pouvoit. Et cependant ils se mirent tous à vendanger, si qu'en peu de jours on eut dépouillé la vigne, pressé le raisin, mis le vin dans les jarres, laissant une quantité des plus belles grappes aux branches pour ceux qui viendroient de la ville, afin qu'ils eussent une image du plaisir de la vendange, et pensassent y avoir été.

Quand Eudrome fut près de s'en aller, Daphnis lui fit don de plusieurs choses, mêmement de ce que peut donner un chevrier, comme de beaux fromages, d'un petit chevreau, d'une peau de chèvre blanche ayant le poil fort long, pour se couvrir l'hyver quand il alloit en course, dont il fut aise, baisa Daphnis en lui promettant de dire de lui tous les biens du monde à leur maître. Ainsi s'en retourna le coureur à la ville, bien affectionné en leur endroit, et Daphnis demeura aux champs en grand souci avec Chloé. Elle avoit bien autant de peur pour lui que lui-même, songeant que c'étoit un jeune garçon qui n'avoit jamais rien vu, sinon ses chèvres, la montagne, les paysans et Chloé, et bientôt alloit voir son maître, dont à peine il avoit ouï le nom avant cette heure-là. Elle s'inquié-

toit aussi comment il parleroit à ce maître,
et étoit en grand émoi touchant leur mariage, ayant peur qu'il ne s'en allât comme
un songe en fumée ; tellement que, pour
ces pensers, leurs ordinaires baisers étoient
mêlés de crainte et leurs embrassements
soucieux, où ils demeuroient long-temps
serrés dans les bras l'un de l'autre ; et sembloit que déjà ce maître fût venu et que de
quelque part il les eût pu voir. Comme ils
étoient en cette peine, encore leur survint-
il un trouble nouveau.

Il y avoit là auprès un bouvier nommé
Lampis, de naturel malin et hardi, qui
pourchassoit aussi avoir Chloé en mariage,
et à Lamon avoit fait pour cela plusieurs
présents, lequel ayant senti le vent que
Daphnis la devoit épouser, pourvu que le
maître en fût content, chercha les moyens
de faire que ce maître fût courroucé à eux,
et, sachant qu'il prenoit sur-tout grand
plaisir à son jardin, délibéra de le gâter et
diffamer tant qu'il pourroit. Or s'il se fût
mis à couper les arbres, on l'eût pu entendre et surprendre ; il pensa donc de
plutôt faire le gât dans les fleurs. Si attendit la nuit, et, passant par-dessus la
petite muraille, s'en va les arracher, rom-
pre, froisser, fouler toutes comme un san-

glier, puis sans bruit se retire; âme ne
l'aperçut.

Lamon, le jour venu, entrant au jardin,
comme de coutume, pour donner aux fleurs
l'eau de la fontaine, quand il vit toute la
place si outrageusement vilenée qu'un ennemi, en guerre ouverte, venu pour tout
saccager, n'y eût sçu pis faire, lors il dé-
chira sa jaquette, s'écriant : « O Dieux ! » si
fort que Myrtale, laissant ce qu'elle avoit en
main, s'en courut vers lui, et Daphnis, qui
déjà chassoit ses bêtes aux champs, s'en
recourut aussi au logis, et, voyant ce grand
désarroi, se prirent tous à crier, et en criant
à larmoyer; mais vaines étoient toutes leurs
plaintes.

Si n'étoit pas merveille que eux qui re-
doutoient l'ire de leur seigneur en pleuras-
sent, car un étranger même à qui le fait
n'eût point touché en eût bien pleuré de
voir un si beau lieu ainsi dévasté, la terre
toute en désordre jonchée du débris des
fleurs, dont à peine quelqu'une, échappée
à la malice de l'envieux, gardoit ses vives
couleurs, et ainsi gisante étoit encore belle
Les abeilles voloient alentour en murmu-
rant continuellement, comme si elles eussent lamenté ce dégât, et Lamon, tout
éploré, disoit telles paroles : « Ah ! mes

« beaux rosiers, comme ils sont rompus!
« Ah! mes violiers, comme ils sont foulés!
« Mes hyacinthes et mes narcisses sont ar-
« rachés! Ç'a bien été quelque méchant et
« mauvais homme qui me les a ainsi per-
« dus. Le printemps reviendra, et ceci ne
« fleurira point; l'été retournera, et ce lieu
« demeurera sans parure; l'automne, il
« n'y aura point ici de quoi faire un bou-
« quet seulement. Et toi, sire Bacchus,
« n'as-tu point eu de pitié de ces pauvres
« fleurs, que l'on a ainsi, toi présent et
« devant tes yeux, diffamées, desquelles je
« t'ai fait tant de couronnes! Comment
« maintenant montrerai-je à mon maître
« son jardin? Que me dira-t-il quand il le
« verra si piteusement accoutré? Ne fera-
« t-il pas pendre ce malheureux vieillard,
« comme Marsyas, à l'un de ces pins? Si
« fera, et à l'aventure Daphnis aussi quant
« et quant, pensant que ç'aura été sa faute
« pour avoir mal gardé ses chèvres. »
Ces regrets et pleurs de Lamon leur re-
doublèrent le deuil à tous, pource qu'ils
déploroient non plus le gât des fleurs, mais
le danger de leurs personnes. Chloé la-
mentoit son pauvre Daphnis, s'il falloit
qu'il fût pendu, et prioit aux Dieux que
ce maître tant attendu ne vînt plus; et lui

étoient les jours bien longs et pénibles à passer, pensant voir déjà comme l'on fouet-toit le pauvre Daphnis.

Sur le soir Eudrome leur vint annoncer que dans trois jours seulement arriveroit leur vieux maître, mais que le jeune, qui étoit son fils, viendroit dès le lendemain. Si se mirent à consulter entre eux ce qu'ils avoient à faire touchant cet inconvénient, et appelèrent à ce conseil Eudrome, qui, voulant du bien à Daphnis, fut d'avis qu'ils déclarassent la chose à leur jeune maître comme elle étoit avenue ; et si leur promit qu'il les aideroit, ce qu'il pouvoit très bien faire, étant en la grâce de son maître à cause qu'il étoit son frère de lait ; et le lendemain firent ce qu'il leur avoit dit. Car Astyle vint le lendemain, à cheval, et quant et lui un sien plaisant qu'il me-noit pour passer le temps, à cheval aussi, lui jeune homme à qui la barbe commen-çoit à poindre, l'autre rasé jà de long-temps. Arrivé ce jeune maître, Lamon se jeta devant ses pieds, avec Myrtale et Daphnis, le suppliant avoir pitié d'un pauvre vieillard et le sauver du courroux de son père, attendu qu'il ne pouvoit mais de l'inconvénient, et lui conte ce que c'étoit. Astyle en eut pitié, entra dans le jardin, et,

ayant vu le gât, leur promit de les excuser,
et en prendre sur lui la faute, disant que
ç'auroient été ses chevaux qui, s'étant déta-
chés, auroient ainsi rompu, foulé, froissé,
arraché tout ce qui étoit de plus beau.

Pour cette bénigne réponse Lamon et
Myrtale firent prières aux Dieux de lui
accorder l'accomplissement de ses désirs.
Mais Daphnis lui apporta davantage de
beaux présents, comme des chevreaux, des
fromages, des oiseaux avec leurs petits, des
grappes tenant au sarment et des pommes
encore aux branches; et aussi lui donna
Daphnis de ce fameux vin odorant que
produit Lesbos, vin le meilleur de tous à
boire. Astyle loua ses présents et lui en sut
fort bon gré, et, en attendant son père, se
divertissoit à chasser au lièvre, comme un
jeune homme de bonne maison, qui ne
cherchoit que nouveaux passetemps et
étoit là venu pour prendre l'air des
champs.

Mais Gnathon étoit un gourmand, qui
ne savoit autre chose faire que manger et
boire jusqu'à s'enivrer, et après boire as-
souvir ses déshonnêtes envies; en un mot,
tout gueule et tout ventre, et tout... ce qui
est au-dessous du ventre; lequel, ayant vu
Daphnis quand il apporta ses présents, ne

faillit à le remarquer ; car outre ce qu'il aimoit naturellement les garçons, il rencontroit en celui-ci une beauté telle que la ville n'en eût su montrer de pareille. Si se proposa de l'accointer, pensant aisément venir à bout d'un jeune berger comme lui. Ayant tel dessein dans l'esprit, il ne voulut point aller à la chasse avec Astyle, ains descendit vers la marine, là où Daphnis gardoit ses bêtes, feignant que ce fût pour voir les chèvres, mais au vrai c'étoit pour voir le chevrier. Et afin de le gagner d'abord, il se mit à louer ses chèvres, le pria de lui jouer sur sa flûte quelque chanson de chevrier, et lui promit qu'avant peu il le feroit affranchir, ayant, disoit-il, tout pouvoir et crédit sur l'esprit de son maître.

Et comme il crut s'être rendu ce jeune garçon obéissant, il épia le soir sur la nuit qu'il ramenoit son troupeau au tect, et, accourant à lui, le baisa premièrement, puis lui dit qu'il se prêtât à lui en même façon que les chèvres aux boucs. Daphnis fut long-temps qu'il n'entendoit point ce qu'il vouloit dire, et à la fin lui répondit que c'étoit bien chose naturelle que le bouc montât sur la chèvre, mais qu'il n'avoit oncques vu qu'un bouc saillit un autre bouc, ni que les béliers montassent l'un sur l'autre, ni les coqs aussi, au lieu de couvrir les brebis et les poules.

Non pour cela Gnathon lui met la main au corps comme le voulant forcer. Mais Daphnis le repoussa rudement, avec ce qu'il étoit si ivre qu'à peine se tenoit-il en pieds, le jeta à la renverse, et, partant comme un jeune levron, le laisse étendu, ayant affaire de quelqu'un pour le relever. Daphnis de là en avant ne s'approcha plus de lui, mais menoit ses chèvres paître tantôt en un lieu, tantôt en un autre, le fuyant autant qu'il cherchoit Chloé. Gnathon même ne le poursuivoit plus depuis qu'il l'eût reconnu non seulement beau, mais fort et roide jeune garçon ; si cherchoit occasion propre pour en parler à Astyle, et se promettoit que le jeune homme lui en feroit don, ayant accoutumé de ne lui refuser rien. Toutefois pour l'heure il ne put, car Dionysophane et sa femme Cléariste arrivèrent, et y avoit dans la maison grand tumulte de chevaux, de valets, d'hommes et de femmes ; mais, en attendant qu'il le trouvât seul, il lui préparoit une belle harangue de son amour.

Or avoit Dionysophane les cheveux déjà demi-blancs, grand et bel homme d'ailleurs, et qui de la disposition de sa personne

eût encore tenu bon aux jeunes gens ; riche
autant que qui que ce fût des citoyens de
sa ville, et de meilleur cœur que pas un. Il
sacrifia le premier jour de son arrivée aux
divinités champêtres, à Gérès, à Bacchus, à
Pan, aux Nymphes, et fit un festin à toute
sa famille. Les jours suivants il visita les
champs que tenoit Lamon ; et voyant par-
tout terres bien labourées, vignes bien fa-
çonnées, le verger beau au demeurant, car
Astyle avoit pris sur lui le gât des fleurs et
du jardin, il fut fort joyeux de trouver tout
en si bon ordre, et, louant Lamon de sa
diligence, il lui promit la liberté.

Cela vu, il alla voir aussi les chèvres et
le chevrier qui les gardoit. Chloé, ayant
peur et honte tout ensemble de si grande
compagnie, s'enfuit cacher dedans le bois.
Daphnis demeura, et se présenta les épaules
couvertes d'une peau de chèvre à long
poil, une panetière toute neuve en écharpe
à son côté, tenant en l'une de ses mains de
beaux fromages tout frais faits, et en l'autre
deux chevreaux de lait. Si jamais, comme
l'on dit, Apollon garda les bœufs de Laomédon, il étoit tel que parut alors Daphnis,
lequel quant à lui ne dit mot, mais, le visage
plein de rougeur et les yeux baissés, s'in-
clinant devant le maître, lui offrit ses dons,

et adonc Lamon, prenant la parole, dit :
« C'est celui, mon maître, qui garde tes
« chèvres. Tu m'en baillas cinquante avec
« deux boucs, et il t'en a fait cent, et dix
« boucs. Vois-tu comme elles sont grasses
« et bien vêtues, et qu'elles ont les cornes
« entières et belles ! Il les a instruites, et
« sont toutes apprises à entendre la musi-
« que, et font tout ce qu'on veut en oyant
« seulement le son de la flûte. »

Cléariste, qui étoit là présente, eut envie
d'en voir l'expérience. Si commanda à Daphnis qu'il jouât de la flûte ainsi qu'il avoit
accoutumé quand il vouloit faire faire quelque chose à ses chèvres, et lui promit, s'il
flûtoit bien, de lui donner un sayon neuf,
une chemisette et des souliers. Adonc Daphnis, debout sous le chêne, toute la compagnie en rond autour de lui, tira sa flûte
de sa panetière, et premièrement souffla un
bien peu dedans; soudain ses chèvres, s'ar-
rêtant, levèrent toutes la tête; puis sonna
pour les faire paître, et toutes, aussitôt,
mettant le nez en terre, se prennent à brouter; puis il leur sonna un chant mol et
doux, et incontinent se couchèrent à terre;
un autre clair et agu, et elles s'enfuirent
dans le bois comme à l'approche du loup;
tôt après un son de rappel, et adonc, sortant

toutes du bois, se viennent rendre à ses
pieds. Varlets ne sçauroient être plus obéis-
sants au commandement de leur maître
qu'elles étoient au son de sa flûte ; de quoi
tous les assistants demeurèrent émerveillés,
spécialement Cléariste, laquelle jura qu'elle
donneroit ce qu'elle avoit promis au gentil
chevrier, qui étoit si beau et sçavoit si bien
jouer de la flûte. Après cela ils s'en allèrent,
et, rentrés au logis, soupèrent et envoyèrent
à Daphnis de ce qui leur fut servi, qu'il
mangea avec Chloé, joyeux de goûter des
mets apprêtés à la façon de la ville, au
reste ayant bonne espérance de parvenir,
du gré de ses maîtres, au mariage de son
amie.

Mais Gnathon, que la beauté de Daphnis,
tel qu'il l'avoit vu avec son troupeau, enflammoit de plus en plus, croyant ne pouvoir sans lui avoir aise ni repos, profita
d'un moment qu'Astyle se promenoit seul
au jardin, le mena dans le temple de Bacchus, et là se mit à lui baiser les mains et
les pieds ; et Astyle lui demandant pourquoi
il faisoit tout cela, et que c'étoit qu'il vouloit dire : « C'en est fait, mon maître, dit-
« il, du pauvre Gnathon. Lui qui n'a été
« jusqu'ici amoureux que de bonne chère,
« qui ne voyoit rien si aimable qu'une

« pleine jarre de vin vieux, à qui sem-
« bloient tes cuisiniers la fleur des beautés
« de Mitylène, il ne trouve plus rien de beau
« ni d'aimable que Daphnis seul au monde.
« Oui, je voudrois être une de ses chèvres,
« et laisserois là tout ce qu'on sert de meil-
« leur à ta table, viande, poisson, fruit,
« confitures, pour paître l'herbe au son de
« sa flûte et sous sa houlette brouter la
« feuillée. Mais toi, mon maître, tu le
« peux, sauve la vie à ton Gnathon, et, te
« souvenant qu'Amour n'a point de loi,
« prends pitié de son amour : autrement,
« je te jure mes grands Dieux qu'après
« m'être bien empli le ventre, je prends
« mon couteau, je m'en vas devant la porte
« de Daphnis, et là je me tuerai tout de
« bon, et tu n'auras plus à qui tu puisses
« dire : « Mon petit Gnathon, Gnathon
« mon ami. »

Le jeune homme, de bonne nature, ne put
souffrir de voir ainsi Gnathon pleurer et
derechef lui baiser les mains et les pieds,
mêmement qu'il avoit éprouvé que c'est de
la détresse d'amour. Si lui promit qu'il de-
manderoit Daphnis à son père, et l'emmè-
neroit comme pour être son serviteur à la
ville, où lui Gnathon en pourroit faire tout
ce qu'il voudroit; puis, pour un peu le

conforter, lui demanda en riant s'il n'auroit point de honte de baiser un petit pâtre
tel que ce fils de Lamon, et le grand plaisir
que ce lui seroit d'avoir à ses côtés couché
un gardeur de chèvres ; et en disant cela il
faisoit un fi, comme s'il eût senti la mauvaise odeur du bouc. Mais Gnathon, qui
avoit appris aux tables des voluptueux tant
qu'il se peut dire et conter de propos d'a-
mour, pensant avoir bien de quoi justifier
sa passion, lui répondit d'assez bon sens :
« Celui qui aime, ô mon cher maître, ne
« se soucie point de tout cela ; ains n'y a
« chose au monde, pourvu que beauté s'y
« trouve, dont on ne puisse être épris. Tel
« a aimé une plante, tel un fleuve, tel
« autre jusqu'à une bête féroce, et si pour-
« tant, quelle plus triste condition d'amour
« que d'avoir peur de ce qu'on aime ?
« Quant à moi, ce que j'aime est serf par
« le sort, mais noble par la beauté. Vois-tu
« comment sa chevelure semble la fleur
« d'hyacinthe, comment au-dessous des
« sourcils ses yeux étincellent ne plus ne
« moins qu'une pierre brillante mise en
« œuvre, comment ses joues sont colorées
« d'un vif incarnat ! et cette bouche ver-
« meille ornée de dents blanches comme
« ivoire, quel est celui si insensible et si

« ennemi d'Amour qui n'en désirât un
« baiser? J'ai mis mon amour en un pâtre;
« mais en cela j'imite les Dieux. Anchise
« gardoit les bœufs : Vénus le vint trouver
« aux champs; Branchus paissoit les chè-
« vres, et Apollon l'aima; Ganimède étoit
« berger, et Jupiter le ravit pour en avoir
« son plaisir. Ne méprisons point un en-
« fant auquel nous voyons les bêtes mêmes
« si obéissantes; mais bien plutôt remer-
« cions les aigles de Jupiter, qui souffrent
« telle beauté demeurer encore sur la
« terre. »

Astyle, à ces mots, se prit à rire, disant
qu'Amour, à ce qu'il voyoit, faisoit de
grands orateurs, et depuis cherchoit occasion d'en pouvoir parler à son père. Mais
Eudrome avoit écouté en cachette tout leur
devis, et, étant marri qu'une telle beauté
fût abandonnée à cet ivrogne, outre ce que
d'inclination il vouloit grand bien à Daphnis, alla aussitôt tout conter et à lui-même
et à Lamon. Daphnis en fut tout éperdu
de prime-abord, délibérant s'enfuir plutôt
avec Chloé, ou bien ensemble mourir. Mais
Lamon, appelant Myrtale hors de la cour :
« Nous sommes perdus, ma femme, lui
« dit-il; voici tantôt découvert ce que nous
« tenions caché. Deviennent ce qu'elles

« pourront et les chèvres et le reste ; mais,
« par les Nymphes et Pan, dussé-je, comme
« on dit, rester bœuf à l'étable et ne faire
« plus rien, je ne me tairai point de la for-
« tune de Daphnis, ains déclarerai com-
« ment je l'ai trouvé abandonné, dirai
« comment je l'ai vu nourri, et montrerai
« ce que j'ai trouvé quant et lui, afin que
« ce coquin voye où s'adresse son amour.
« Prépare-moi seulement les enseignes de
« reconnoissance. » Cela dit, ils rentrèrent
tous deux.

Cependant Astyle, trouvant son père à
propos, lui demanda permission d'emmener Daphnis à Mitylène, disant que c'étoit
un trop gentil garçon pour le laisser aux
champs, et que Gnathon l'auroit bientôt
instruit au service de la ville. Le père y
consentit volontiers, et, faisant appeler Lamon et Myrtale, leur dit pour bonne nouvelle que Daphnis, au lieu de garder les
bêtes, serviroit de là en avant son fils Astyle en la ville, et promit qu'il leur donneroit deux autres bergers au lieu de lui.
Adonc, étant jà les autres esclaves accourus
bien joyeux d'avoir un tel compagnon, Lamon demanda congé de parler ; ce qui lui
étant accordé, il parla en cette sorte : « Je
« te prie, mon maître, écoute un propos

« véritable de ce pauvre vieillard; je jure
« les Nymphes et le dieu Pan que je ne te
« mentirai d'un mot. Je ne suis pas le père
« de Daphnis, ni n'a été ma femme Myr-
« tale si heureuse que de porter un tel
« enfant. Il fut exposé tout petit par des
« parents qui en avoient possible assez
« d'autres plus grands. Je le trouvai aban-
« donné de père et de mère, allaité par une
« de mes chèvres, laquelle j'ai enterrée
« dans le jardin, après qu'elle fut morte de
« sa mort naturelle, l'ayant aimée pource
« qu'elle avoit fait œuvre de mère envers
« cet enfant. Je trouvai quant et quant des
« joyaux qu'on avoit laissés avec lui, pour
« une fois le reconnoître. Je le confesse, et
« les garde; car ce sont marques auxquelles
« on peut voir qu'il est issu de bien plus
« haut état que le nôtre. Or ne suis-je point
« marri qu'il serve ton fils Astyle, et soit
« à beau et bon maître un beau et bon ser-
« viteur : mais je ne puis du tout souffrir
« qu'on le livre à Gnathon pour en faire
« comme d'une femme. »

Lamon, ayant dit ces paroles, se tut et
répandit force larmes. Gnathon fit du courroucé en le menaçant de le battre; mais
Dionysophane, frappé de ce qu'avoit dit
Lamon, regarda Gnathon de travers et lui

commanda qu'il se tût, puis interrogea de
rechef le vieillard, lui enjoignant de dire
vérité, sans controuver des menteries pour
cuider retenir son fils. Lamon, persistant
dans son dire, attesta les Dieux, et s'offrit
à tout souffrir s'il mentoit. Dionysophane
adonc, examinant ses paroles, avec Cléariste
assise auprès de lui : « A quelle fin auroit
« Lamon controuvé ce récit, vu que pour
« un chevrier on lui en veut donner deux?
« Comment seroit-ce qu'un rude paysan
« eût inventé tout cela? Puis, n'étoit-il pas
« visible qu'un si bel enfant n'avoit pu
« naître de telles gens? » Si pensèrent d'un
commun accord que, sans y songer davantage ni tant deviner, il falloit voir les en
seignes de reconnoissance, pour s'assurer si
elles appartenoient, ainsi qu'il disoit, à
plus haut état que le sien. Myrtale les alla
incontinent querir dedans un vieux sac où
ils les gardoient. Le premier qui les vit fut
Dionysophane; et dès qu'il aperçut le petit
mantelet d'écarlate avec une boucle d'or et
le couteau à manche d'ivoire, il s'écria à
haute voix :« O Jupiter! » et appela sa femme
pour les voir aussi; laquelle, sitôt qu'elle
les vit, s'écria semblablement : « O fatales
« Déesses! ne sont-ce point là les joyaux
« que nous mîmes avec notre enfant, quand

« nous l'envoyâmes exposer par notre ser-
« vante Sophroné? Il n'y a point de doute,
« ce sont ceux-là mêmes. Mon mari, l'en-
« fant est nôtre. Daphnis est ton fils et
« garde les chèvres de son propre père. »

Comme elle parloit encore, et que Dionysophane, jetant abondance de larmes, de
grande joie qu'il avoit, baisoit ces enseignes de reconnoissance, Astyle, ayant entendu que Daphnis étoit son frère, posa
vitement sa robe et s'en courut par le jardin, pour être le premier à le baiser. Daphnis, le voyant accourir vers lui avec tant de
gens, et qu'il crioit : « Daphnis, Daphnis! »
pensant que ce fût pour le prendre, jette sa
flûte et sa panetière, et se met à fuir vers
la mer pour se précipiter du haut du rocher;
et possible Daphnis, par étrange accident,
alloit être aussitôt perdu que retrouvé, si
Astyle, se doutant pourquoi il fuyoit, ne
lui eût crié de tout loin : « Arrête, Daph-
« nis; n'aie point de peur; je suis ton frère;
« tes maîtres sont tes parents; Lamon nous
« a tout conté, nous a tout montré; regarde
« seulement, vois comme nous rions. Mais
« baise-moi le premier. Par les Nymphes,
« je ne te mens point. »

A peine s'arrêta Daphnis quand il eut
oui ce serment, et attendit Astyle, qui, les

bras ouverts, accouroit, et l'ayant joint l'embrassa. Puis toute la maison, serviteurs, servantes, père, mère, venus, à leur tour l'embrassoient, le baisoient. Lui de sa part leur faisoit fête, mais sur tous autres à son père et à sa mère, et sembloit qu'il les connût jà long-temps auparavant, tant les serroit contre son sein, et à peine se pouvoit arracher de leurs bras. Nature se reconnoît d'abord. Il en oublia un moment Chloé. Si le conduisirent au logis, et lui donnèrent une belle et riche robe neuve; puis étant vêtu, fut assis auprès de son père, qui leur commença tel propos :

« Mes enfants, je fus marié bien jeune,
« et après quelque temps devins père bien
« heureux, comme il me sembloit pour
« lors; car le premier enfant que ma femme
« fit fut un fils, le second une fille, et le
« troisième fut Astyle. Je pensai que trois
« me seroient suffisante lignée, et venant
« celui-ci après tous, le fis exposer au
« maillot, avec ces bagues et bijoux, que
« je croyois pour lui ornements funéraires,
« plutôt que marques destinées à le faire
« connoître un jour. Mais fortune en avoit
« autrement disposé. Car mon fils aîné et
« ma fille moururent de même mal en
« même jour; et toi, Daphnis, par la pro-

« vidence des Dieux, tu nous as été con-
« servé, afin que nous ayons plus de sup-
« port en notre vieillesse. Pourtant ne me
« hais point, mon fils, de t'avoir fait ex-
« poser; ainsi le vouloient les Dieux. Et
« toi, qu'il ne te fâche, Astyle, de partager
« ton héritage; car il n'est richesse qui
« vaille un bon frère. Aimez-vous, mes
« enfants, l'un l'autre, et quant aux biens,
« vous en aurez de quoi n'envier rien aux
« rois. Je vous laisserai grandes terres,
« nombre de gens habiles à tout, or, ar-
« gent, et de toutes choses qu'ont les
« hommes riches et heureux. Mais je veux
« que mon fils Daphnis en son partage ait
« ce lieu-ci, et lui donne Lamon et Myr-
« tale, et les chèvres qu'il a gardées. »

Il parloit encore, et Daphnis, sautant en
pieds soudainement : « Tu m'en fais sou-
« venir, mon père : je m'en vais mener
« boire mes chèvres, dit-il. Elles ont soif à
« cette heure, et attendent pour aller boire
« le son de ma flûte, et je suis assis à ne
« rien faire. » Chacun se prit à rire de voir
Daphnis qui, devenu maître, vouloit être
encore chevrier. On envoya quelque autre
avoir soin de ses chèvres, et puis ils sacri-
fièrent à Jupiter Sauveur et firent un grand
festin. Gnathon seul n'osa s'y trouver, mais

demeuroit jour et nuit dans le temple de
Bacchus, comme un suppliant, pour la
peur qu'il avoit de Daphnis.

Le bruit incontinent s'étant épandu par-
tout que Dionysophane avoit retrouvé un
sien fils, et que Daphnis, qui menoit les
chèvres aux champs, étoit devenu le maître
et des chèvres et des champs, les voisins
paysans accoururent de toutes parts pour
se conjouir avec lui et faire des présents à
son père, et Dryas tout des premiers, le
nourricier de Chloé. Dionysophane les retint tous pour la fête, ayant fait d'avance
préparer force pain, force vin, du gibier
de toute sorte, des gâteaux au miel à foison, veaux et petits cochons de lait, et
victimes à immoler aux Dieux protecteurs
du pays.

Et lors Daphnis amassa tous ses meubles
de chevrier, dont il fit présent aux Dieux,
consacrant sa panetière et sa peau de chèvre à Bacchus, à Pan sa flûte, sa houlette
aux Nymphes avec ses sebiles à traire qu'il
avoit lui-même faites. Mais, tant est plus
douce que richesse une première accoutu-
mance, il ne pouvoit sans pleurer laisser
aucune de ces choses. Il ne suspendit ses
sebiles qu'après y avoir trait ses chèvres,
ni ne donna sa flûte à Pan, qu'il n'en eût

joué encore une fois, ni sa peau de chèvre
à Bacchus, qu'après se l'être vêtue, et chaque chose qu'il donnoit, il la baisoit premièrement. Il dit adieu à ses chèvres ; il
appela ses bouquins l'un après l'autre par
leur nom ; et but aussi à la fontaine où
tant de fois il avoit bu avec sa Chloé ; mais
il n'osoit encore parler de leurs amours.

Or cependant qu'il entendoit aux offrandes et sacrifices, voici qu'il avint de
Chloé. Seulette aux champs, elle étoit assise
à garder ses moutons, disant comme pauvre
délaissée : « Daphnis m'oublie ; maintenant
« il songe à quelque riche mariage. Pour-
« quoi lui ai-je fait jurer, au lieu des
« Nymphes, ses chèvres ? Il les a oubliées
« aussi, et même, en sacrifiant aux Nym-
« phes et à Pan, n'a point desiré voir Chloé.
« Il aura trouvé chez sa mère les servantes
« même plus belles. Adieu donc, Daphnis.
« Sois heureux ; mais moi, je ne sçaurois
« plus vivre. »

Elle étant en cette rêverie, le bouvier
Lampis, aidé de quelques autres paysans,
la vint enlever, croyant que Daphnis ne
devoit plus l'épouser, et que Dryas, quand
une fois elle seroit entre ses mains, con-
sentiroit qu'elle lui demeurât. La pauvrette, comme on l'emportoit, crioit tant

qu'elle pouvoit, et quelqu'un qui **vit** cette
violence s'en courut avertir Napé, et elle
Dryas, et Dryas Daphnis, lequel à peine
qu'il ne sortit du sens, n'osant recourir à
son père, et ne pouvant néanmoins laisser
Chloé sans secours. Si s'en alla dans le jardin, et là faisoit ses plaintes tout seul : « O
« malheureux que je suis d'avoir retrouvé
« mes parents ! Combien m'eût été meil-
« leur de garder toujours les bêtes aux
« champs ! Combien plus étois-je content
« quand j'étois serf avec Chloé ! Alors
« je la voyois ; alors je la baisois : et main-
« tenant Lampis l'a ravie et s'en va avec ;
« et quand la nuit sera venue, il couchera
« avec elle, pendant que je suis ici à boire
« et faire bonne chère. J'ai donc en vain
« juré mes chèvres, le dieu Pan et les
« Nymphes. »

Or Gnathon, qui étoit caché dedans la
chapelle du verger, entendit clairement ces
complaintes de Daphnis, et, pensant que
c'étoit une bonne occasion pour faire sa
paix avec lui, prit quelques jeunes valets
d'Astyle, et s'en alla après Dryas, lui disant qu'il les conduisît en la maison de
Lampis, ce qu'il fit ; et diligentèrent si bien,
qu'ils surprirent Lampis ainsi comme il ne
faisoit que d'entrer en son logis avec Chloé,

laquelle il lui ôta d'entre les mains à force,
et dola très bien les épaules de tous les
rustauts qui lui avoient aidé à faire ce rapt,
à grands coups de bâton; puis voulut prendre et lier Lampis pour l'amener prison-
nier; mais il se sauva de vitesse.

Gnathon, ayant fait un tel exploit, s'en
retourna qu'il étoit jà nuit toute noire, et
trouva Dionysophane jà couché en son lit
dormant. Mais le pauvre Daphnis veilloit,
et étoit encore dedans le verger, où il se
déconfortoit et pleuroit: si lui amena Chloé,
et, la lui livrant entre ses mains, lui conta
comme il avoit fait, le priant de ne se vouloir souvenir en rien du passé, mais l'avoir
pour sien serviteur, ni le débouter de sa
table, sans laquelle il lui seroit force de mourir de male faim. Daphnis, voyant Chloé,
la tenant de Gnathon, fut facile à faire appointement avec lui, et envers elle s'excusa
de ce qu'il pouvoit sembler l'avoir oubliée:
et, de commun consentement, furent d'avis
de ne point encore déclarer leur mariage;
que Daphnis continueroit de voir Chloé en
secret, et ne découvriroit son amour qu'à
sa mère. Mais Dryas ne le permit point,
ains le voulut dire lui-même au père de
Daphnis, se faisant fort de lui faire bien
accorder. Si prit le lendemain, aussitôt qu'il

fut jour, les enseignes de reconnoissance qu'il avoit trouvées avec Chloé, et s'en alla devers Dionysophane, qu'il trouva dans le verger, assis avec Cléariste et leurs deux enfants Astyle et Daphnis : si leur commença à dire : « Même nécessité me con-« traint de vous déclarer un secret tout « pareil à celui de Lamon, c'est que je n'ai « engendré ni nourri le premier cette jeune « fille Chloé. Autre que moi l'a engen-« drée; une brebis l'a allaitée dedans la « caverne des Nymphes. Je la vis ; ébahi, « je la pris, l'emportai, et depuis l'ai nour-« rie et élevée. Sa beauté même le témoi-« gne, car elle ne tient en rien de nous; « aussi font les marques et enseignes que « je trouvai avec elle, plus riches que ne « porte l'état d'un pauvre pâtre. Voyez-les, « et puis cherchez ses vrais parents, si à « l'aventure elle seroit point sortable pour « femme à Daphnis. »

Dryas ne jeta point sans dessin cette parole, ni Dionysophane ne la reçut en vain ; mais, prenant garde au visage de Daphnis, et le voyant changer de couleur et se détourner pour pleurer, connut bien incontinent qu'il y avoit des amourettes entre eux deux; et, étant soigneux de son fils plus que de la fille d'autrui, examina

le plus diligemment qu'il put la parole de
Dryas : et, quand encore il eut vu les
marques de reconnoissance qui avoient été
exposées avec elle, c'est à sçavoir des patins
dorés, des chausses brodées, et une coiffe
d'or, adonc appela-t-il Chloé, et lui dit
qu'elle fît bonne chère, pour ce que jà elle
avoit trouvé un mari, et bientôt après
trouveroit son père et sa mère.

Cléariste dès-lors la prit avec elle, la vêtit
et accoutra comme femme de son fils. Mais
Dionysophane appela Daphnis à part, et
lui demanda si elle étoit encore pucelle.
Daphnis lui jura qu'elle ne lui avoit rien
été de plus près que du baiser, et du serment par lequel ils avoient promis mariage
l'un à l'autre. Dionysophane se prit à rire
de ce serment, et les fit tous deux dîner
avec lui.

Là eût-on pu voir ce que c'est qu'orne-
ment à naturelle beauté ; car Chloé, vêtue
et coiffée, bien que de sa simple chevelure,
et ayant lavé son visage, sembla à chacun
si belle par-dessus le passé, que Daphnis
même à peine la reconnoissoit ; et quiconque l'eût vue en tel état, n'eût point fait
doute d'affirmer par serment qu'elle n'étoit
point fille de Dryas, lequel toutefois étoit
à table comme les autres avec sa femme

Napé, et Lamon èt Myrtale aussi, tous
quatre sur un même lit.

Quelques jours après on fit derechef des
sacrifices aux Dieux pour l'amour de Chloé,
comme l'on avoit fait pour Daphnis, et fit-
on semblablement le festin de sa reconnoissance; et elle de son côté distribua ses
meubles de bergerie aux Dieux, sa panetière, sa flûte, et les tirouers où elle tiroit
les brebis, et épandit dedans la fontaine qui
étoit en la caverne des Nymphes, du vin,
à cause qu'elle avoit été trouvée et nourrie
auprès d'icelle fontaine; et sema de chapelets et bouquets de fleurs la sépulture de la
brebis, que Dryas lui enseigna, et joua encore de sa flûte pour réjouir ses brebis, faisant prière aux Nymphes que ceux qui
seroient trouvés ses naturels parents fussent dignes d'être alliés de Daphnis.

Après qu'ils eurent fait assez de fêtes et
de bonne chère aux champs, ils délibérèrent de s'en retourner à la ville, afin de
chercher les parents de Chloé, pour ne dif-
férer plus les noces : par quoi, dès le matin,
firent trousser tout leur bagage, et .don-
nèrent à Dryas encore autres trois cents
écus, et à Lamon la moitié des fruits de
toutes les terres et vignes qu'il tenoit, les
chèvres avec leurs chevriers, quatre paires

de bœufs, des robes fourrées pour l'hiver, et, par-dessus tout cela, la liberté à lui et sa femme Myrtale, puis cheminèrent vers Mitylène, avec grand train de chevaux et de chariots.

Or, ce jour-là, pource qu'ils arrivèrent le soir bien tard, les autres citoyens de la ville n'en sçurent rien : mais, le lendemain au plus matin, le bruit en étant couru partout, il s'assembla au logis de Dionysophane grande multitude d'hommes et de femmes; les hommes pour s'éjouir avec le père de ce qu'il avoit retrouvé son fils, mêmement après qu'ils eurent vu comme il étoit beau et gentil; et les femmes, pour s'éjouir aussi avec Cléariste de ce que non seulement elle avoit recouvré son fils, mais aussi trouvé une fille digne d'être sa femme; car Chloé les étonna toutes, quand elles virent en elle une si parfaite beauté qu'il n'étoit possible d'en voir une plus belle. Brief, toute la ville ne parloit d'autre chose que de ce jeune fils et de cette jeune fille, et disoit chacun que l'on n'eût sçu choisir une plus belle couple : si prioient tous aux Dieux que la parenté de la fille fût trouvée correspondante à sa beauté. Il y eut plusieurs femmes de riches maisons qui souhaitèrent en elles-mêmes et dirent:

« Plût aux Dieux que l'on pensât assuré-
ment qu'elle fût ma fille ! »

Mais Dionysophane, après avoir quelque
temps pensé à cette affaire, s'endormit sur
le matin profondément ; et en dormant lui
vint un songe : il lui fut avis que les Nymphes prioient Amour de parfaire et accomplir à la fin le mariage qu'il leur avoit promis ; et qu'Amour, détendant son petit arc,
et le jetant en arrière auprès de son car-
quois, commanda à Dionysophane qu'il
envoyât le lendemain semondre tous les
premiers personnages de la ville pour venir
souper en son logis ; et qu'au dernier cratère, il fît apporter sur table les enseignes
de reconnoissance qui avoient été trouvées
avec Chloé, et qu'il les montrât à tous les
conviés : puis, cela fait, qu'ils chantassent
la chanson nuptiale d'hyménée.

Dionysophane, ayant eu cette vision en
dormant, se leva de bon matin, et commanda à ses gens que l'on préparât un beau
festin, où il y eût de toutes les plus déli-
cates viandes que l'on trouve, tant en terre
qu'en mer, ès lacs et ès rivières, envoya
quant et quant prier de souper chez lui
tous les plus apparents de la ville.

Quand la nuit fut venue, et le cratère
empli pour les libations à Mercure, lors un

serviteur de la maison apporta dedans un bassin d'argent ces enseignes, et les montra de rang à chacun des conviés. Il n'y eut personne des autres qui les reconnût, fors un nommé Mégaclès, qui, pour sa vieillesse, étoit au bout de la table, lequel, sitôt qu'il les aperçut, les reconnut incontinent, et s'écria tout haut : « O Dieux! « que vois-je là! Ma pauvre fille, qu'es-tu « devenue? es-tu en vie? ou si quelque « pasteur a enlevé ces enseignes qu'il aura « par fortune trouvées en son chemin? Je « te prie, Dionysophane, de me dire dont « tu les as recouvrées : n'aye point d'envie « que je recouvre ma fille comme tu as re- « couvré Daphnis. »

Dionysophane voulut premièrement qu'il contât devant la compagnie comment il avoit fait exposer son enfant. Adonc Mégaclès, d'une voix encore toute émue : « Je « me trouvai, dit-il, long-temps y a, quasi « sans bien, pource que j'avois dépendu « tout le mien à faire jouer des jeux pu- « blics, et à faire équiper des navires de « guerre; et, lorsque cette perte m'advint, « il me naquit une fille, laquelle je ne vou- « lus point nourrir en la pauvreté où j'é- « tois, et pourtant la fis exposer avec ces « marques de reconnoissance, sçachant

« qu'il y a plusieurs gens qui, ne pouvant
« avoir des enfants naturels, désirent être
« pères en cette sorte, à tout le moins d'en-
« fants trouvés. L'enfant fut portée en la
« caverne des Nymphes, et laissée en la
« protection et sauve-garde d'icelles. De-
« puis, les biens me sont venus par chacun
« jour en grande affluence, et si n'avois
« nul héritier à qui je les pusse laisser;
« car depuis je n'ai pas eu l'heur de pou-
« voir avoir une fille seulement : mais les
« Dieux, comme s'ils se vouloient moquer
« de moi, m'envoyent souvent des songes,
« lesquels me promettent qu'une brebis
« me fera père. »

Dionysophane, à ce mot, s'écria encore
plus fort que n'avoit fait Mégaclès, et, se
levant de la table, alla querir Chloé, qu'il
amena vêtue et accoutrée fort honnêtement;
et la mettant entre les mains de Mégaclès,
lui dit : « Voici l'enfant que tu as fait ex-
« poser, Mégaclès; une brebis, par la pro-
« vidence des Dieux, te l'a nourrie, comme
« une chèvre m'a nourri Daphnis. Prends-
« la avec ces enseignes, et, la prenant, re-
« baille-la en mariage à Daphnis. Nous
« les avons tous deux exposés, et tous deux
« les avons retrouvés : ils ont été tous deux
« nourris ensemble, et tout de même ont

« été préservés par les Nymphes, par le
« dieu Pan, et par Amour. »

Mégaclès s'y accorda incontinent, et envoya querir sa femme, qui avoit nom Rhodé,
tenant cependant toujours sa fille Chloé entre ses bras; et demeurèrent tous deux chez
Dionysophane au coucher, pource que
Daphnis avoit juré qu'il ne souffriroit
emmener Chloé à personne, non pas à son
propre père. Et le lendemain au matin ils
prièrent tous les deux leurs pères et mères
qu'ils leur permissent de s'en retourner aux
champs, parce qu'ils ne se pouvoient ac-
coutumer aux façons de faire de la ville, et
aussi qu'ils vouloient faire des noces pastorales; ce qui leur fut permis. Si s'en re-
tournèrent au logis de Lamon, et présen-
tèrent au bon homme Mégaclès le nourricier de Chloé, Dryas, et sa femme Napé à
la mère Rhodé.

Le festin nuptial fut somptueusement
préparé, et Mégaclès derechef dévoua sa
fille Chloé aux Nymphes; et, outre plusieurs autres offrandes, leur donna les enseignes auxquelles elle avoit été reconnue,
et donna encore bonne somme d'argent à
Dryas.

Dionysophane, pour ce que le jour étoit
beau et serein, fit dresser dedans l'antre

même des Nymphes des tables avec des lits
de verte ramée, où prirent place tous les
paysans de là alentour. Lamon et Myrtale
y étoient, Dryas et Napé, les parents de
Dorcon, les enfants de Philétas, Chromis
et Lycenion. Lampis même y vint, après
qu'on lui eut pardonné : et là, comme entre
villageois, tout s'y disoit et faisoit à la vil-
lageoise ; l'un chantoit les chansons que
chantent les moissonneurs au temps des
moissons, l'autre disoit des brocards qu'on
a accoutumé de dire en foulant la vendange.
Philétas joua de sa flûte, Lampis du flageolet, et cependant Daphnis et Chloé se
baisoient l'un l'autre.

Les chèvres mêmes paissoient là auprès
comme si elles eussent été participantes de
la bonne chère des noces, ce qui ne plaisoit
pas à ceux venus de la ville ; et Daphnis,
en appelant aucunes par leurs propres noms,
leur donnoit de la feuillée verde à brouter,
et, les prenant par les cornes, les baisoit.
Et non pas lors seulement, mais en tout le
reste de leur vie, passèrent le plus du temps
et la meilleure partie de leurs jours en état
de pasteurs ; car ils acquirent force troupeaux de chèvres et de brebis, eurent toujours en singulière révérence les Nymphes
et le dieu Pan, et ne trouvèrent point, à

leur goût, de meilleure viande ni plus sa-
voureuse nourriture que du fruit et du lait;
et qui plus est, firent téter à leur premier
enfant, qui fut un fils, une chèvre; et au
second, qui fut une fille, firent prendre le
pis d'une brebis, et le nommèrent Philo-
pœmen, et la fille Agélée; et ainsi vécu-
rent aux champs longues années en grand
soulas. Ils eurent soin aussi de faire hono-
rablement accoutrer la caverne des Nymphes, y dédièrent de belles images, et y
édifièrent un autel d'Amour Pastoral; et à
Pan, au lieu qu'il étoit à découvert sous le
pin, firent faire un temple qu'ils appelèrent le temple de Pan le Guerroyeur.

Tout cela fut long-temps après; mais
pour lors, quand la nuit fut venue, tout le
monde les convoya jusqu'en leur chambre
nuptiale, les uns jouant de la flûte, les autres du flageolet, et aucuns portant des fal-
lots et flambeaux allumés devant eux; puis,
quand ils furent à l'huis de la chambre,
commencèrent à chanter Hyménée d'une
voix rude et âpre, comme si avec une marre
ou un pic ils eussent voulu fendre la terre.

Cependant Daphnis et Chloé se couchèrent nuds dans le lit, là où ils s'entre-baisèrent et s'entre-embrassèrent sans clore
l'œil de toute la nuit, non plus que chats.

huants; et fit alors Daphnis ce que Lycenion lui avoit appris, à quoi Chloé connut bien que ce qu'ils faisoient paravant dedans les bois et emmi les champs n'étoit
que jeux de petits enfants.

FIN DU LIVRE IV ET DERNIER

GLOSSAIRE-INDEX.

———

A quoi, pour quoi. « A quoi faire nous entre-cherchons-nous ? » P. 58.

Abrit, abri.

Accomparer, comparer.

Adonc, alors, donc.

Affection, envie, désir. P. 129.

Affié (?) « Que j'ai planté moi-même, affié, accoutré... » P. 52. Je ne connais ce mot qu'avec le sens d'*affirmer*, *assurer*, *promettre*.

Ains, mais, mais au contraire.

Amour. Ce dieu, fils de Mars et de Vénus, était représenté sous la figure d'un enfant aveugle, ailé, armé d'un arc et de flèches.

Anchise, prince troyen, plut à Vénus, comme le dit notre livre (p. 143). De leur commerce résulta le pieux Enée.

Aorner, orner, décorer.

Apollon, fils de Jupiter et de Latone, dieu du soleil, des arts, des lettres, de la médecine, fut exilé sur la terre à la suite d'une querelle avec le maître des dieux ; il y fut berger, maçon, etc. Il y fit bien des victimes parmi le beau sexe. Quant à ce que dit de lui cet affreux Gnathon (p. 143), il est permis de croire que c'est un fait controuvé, nvoqué en faveur d'une mauvaise cause.

Appointement, réconciliation.

ARIANE, fille de Minos et de Pasiphaé, devint, après bien des malheurs, l'épouse de Bacchus.

Arondelle, hirondelle.

Assurer s'), prendre courage, devenir plus hardi, se rassurer.

Aucune fois, quelquefois.

Avenir, advenir. « Voici qu'il avint. » P. 151.

Avenir, atteindre. « Les plus basses branches des vignes où elle pouvoit avenir. » P. 5o. Ce mot me paraît se rapprocher du verbe *aveindre*.

Aventure, hasard, — *à l'aventure*, peut-être, par hasard. — *d'aventure*, par hasard.

BACCHANTES, femmes qui célébraient le culte de Bacchus.

BACCHUS, dieu du vin, fils de Jupiter et de Sémélé. Notre livre indique, p. 127, la plupart de ses hauts faits : sa naissance, son union avec Ariane, sa conquête de l'Inde, la punition infligée à ceux qui s'opposèrent à l'établissement de son culte, Penthée, Lycurgue de Thrace, etc.

Bagues, vêtements, linge, bagages.

Bailler, donner.

Baller, danser.

Belin, bélier.

Boucquin, bouquin, bouc.

Bramer, crier. Ne se dit ordinairement que du cerf en rut.

BRANCHUS, mentionné page 143. V. APOLLON.

Brief, bref, adv.

Bruit, réputation, renommée. « Il avoit le bruit d'être homme de grande foi et loyauté. » P. 65.

Cabasset, espèce de morion ou petit casque. (*Dict. de l'Acad.*)

Canne, roseau. « Flûte à sept cannes. » P. 75.

Capitainesse, la galère montée par le capitaine ou chef de l'expédition.

CARIE, ancienne contrée de l'Asie Mineure, bornée au sud par la Méditerranée.

Celle, cette. « A celle fin de la faire accorder. » P. 114.

Chanter, s. m., chant, action de chanter.

Chapelet, petit chapeau, couronne. « Chapelet de fleurs nouvelles. » P. 28.

Chère, mine, visage.

Comme, comment.

Complaindre (se), se plaindre, se lamenter.

Complaintes, plaintes, lamentations.

Conforter, consoler, encourager.

Corselet, cuirasse légère.

Cosser, se heurter de la tête. « Deux boucs cossant l'un contre l'autre. » P. 23.

Cratère, espèce de tasse à boire, en usage chez les anciens. « Et le cratère empli pour les libations à Mercure. » P. 158.

Croisée, carrefour, lieu où se croisent deux chemins. « A la croisée de deux allées. » P. 127.

Crouler un arbre, le secouer pour en faire tomber le fruit.

Cuider, croire.

Cuider, manquer, être sur le point de... « Dryas lui cuida presque accorder le mariage. » P. 33.

Daguet, se dit d'un jeune cerf qui est à sa première tête, qui pousse son premier bois. Ici on le dit d'un chevreau. P 58.

Dea, exclamation. Dieu ! oui-da !

Décerner, employé dans un sens inusité. « Décernèrent sur-le-champ la guerre. » P. 68.

Déchaux, pieds-nus. P. 45.

Délibérer, décider. « Si délibéra de se laver. » P. 24.

Demeurance, demeure, habitation.

Départir (*se*), se séparer de, quitter. « Se départit d'avec eux. » P. 58.

Dépendre, dépenser. « Pour ce que j'avois dépendu tout le mien. » P. 159.

Déplaisant, contrarié, affligé. « Chloé en étoit fort déplaisante. » P. 113.

Diffamer, déshonorer, gâter. P. 131.

Doler, aplatir, unir comme avec une doloire ? « Et dola très-bien les épaules de tous les rustauts. » P. 153.

Dont, d'où. P. 159.

Écho, nymphe, fille de l'Air et de la Terre. Son histoire, telle qu'elle est racontée page 110, s'écarte beaucoup de la version ordinaire.

Éclisses, ronds d'osier ou de jonc sur lesquels on met égoutter le lait caillé pour en faire des fromages.

Éjouir (*s'*), se réjouir.

Emmi, parmi, au milieu de.

Empêcher, occuper, embarrasser. « Si qu'il ne fut plus besoin d'en empêcher tant de gens. » P. 51.

Engarder, préserver, garder.

Ensuivant, qui suit. « La nuit ensuivante. » P. 116.

Entendre à, être occupé à, attentif à. « Napé entendoit à cuire le pain. » P. 98.

Entour, aux environs.

Ès, dans les. « Ès lacs et ès rivières. » P. 158.

Étriver, lutter. « Lequel étrivoit à chanter à l'encontre d'elle. » P. 42.

Facture, façon, fabrication. « Les plantes et les arbres sont de sa facture. » P. 57.

Feindre, hésiter, reculer. « Ne feignoit de la baiser. » P. 122. De là peut venir le mot populaire *feignant*, plutôt que du mot *fainéant*.

Feuillade, *Feuillée*, branches feuillues.

Fiance, foi, confiance. « Un dieu volage auquel n'y a point de fiance. » P. 87.

Finablement, finalement.

Finer, obtenir, se procurer. « Le plus long qu'ils purent finer. » P. 63. — « A peine pourroit un chevrier finer autant de noisettes. » P. 121.

Force (*prendre à*), violer.

Fors, excepté, hormis.

Fouaces, sorte de pain ou de gâteau.

Fouteau, hêtre.

Frisser (?) « Frissoit après le baiser. » P. 101.

Fûte, navire.

Fy, foi. « Ma fy. » P. 29.

GANIMÈDE, jeune prince, fils d'un roi de Troie, fut enlevé par l'aigle de Jupiter pour remplacer Hébé comme échanson des dieux.

Garçonnet, petit garçon.

Gât, dégât, dommage.

Gente, gentille.

Halbrans, jeunes canards sauvages.

Haute heure (*à*), tard dans la matinée; vers midi.

Heur, bonheur.

Hocqueton, hoqueton, sorte de casaque.

Huis, porte.

Hure, est dit ici de la peau de la tête d'un loup (p. 34). Se dit plus ordinairement de la tête d'un sanglier.

Hyacinthe. L'hyacinthe à fleur noire dont il est parlé ici (p. 30) est actuellement, si je ne me trompe, inconnue aux horticulteurs. Peut-être nos *jacinthes* n'ont-elles rien de commun avec l'hyacinthe des anciens.

Hyménée, fils de Bacchus et de Vénus, présidait au mariage.

Icelle, cette, celle dont il a déjà été question. « L'enfant fut porté en la caverne des Nymphes, et laissé en la protection d'icelles. » P. 160.

INDIENS. V. BACCHUS.

Ire, colère.

Jà, déjà, certainement. « L'un pensoit être jà blessé. » P. 74.

Jonchée, sorte de fromage. « La jonchée du lait de ses brebis. » P. 31.

ITYS, fils de Térée et de Progné. Sa mère le fit manger à Térée pour se venger de ce qu'il avait violé Philomèle. Homère raconte cette histoire d'une autre façon.

JUPITER, père et maître des dieux.

Là, dans le cas. « Et là où elle te fera faute. » P. 87.

LAOMÉDON, roi de Troie, célèbre par sa mauvaise foi. Apollon garda ses troupeaux.

Léans, là dedans.

LESBOS, aujourd'hui Metelin, île de la mer Egée, sur la côte d'Asie. Ses principales villes étaient Mitylène, Méthymne et Lesbos.

Liesse, joie.

Lit. Les anciens s'asseyaient sur des lits pour prendre leurs repas. « Dryas étoit à table comme les autres avec sa femme Napé, et Lamon et Myrtale aussi, tous quatre sur un même lit. » P. 155.

Loyer, prix, récompense.

LYCURGUE. V. BACCHUS.

Mais que, pourvu que.

Mal, male, mauvais, mauvaise.

Marine, la mer.

Marmot, espèce de singe à longue queue. « Laids comme marmots. » P. 115.

Marre, espèce de houe.

MARSYAS, Phrygien, fut victime d'un mouvement de vivacité d'Apollon ; ayant défié le dieu comme musicien, il fut vaincu, puis écorché vif.

MERCURE, fils de Jupiter et de Maia, était messager des dieux, et dieu lui-même de l'éloquence, du commerce et des voleurs.

METHYMNE, ville de l'île de Lesbos.

Meubles, ustensiles. « Daphnis amassa tous ses meubles de chevrier. » P. 150.

MITYLENE. Voy. LESBOS.

Moissine, faisceau de branches de vigne. « Des moissines avec les grappes et la pampre encore au sarment. » P. 81.

Mors, mordu. « Dorcon, qui avoit été mors et aux cuisses et aux épaules. » P. 36.

MUSES. Les neuf Muses, filles de Jupiter et de Mnémosyne, étaient déesses des sciences et des arts.

Musser, cacher.

Navrer, blesser.

Ne, ni. « Ne plus ne moins. » P. 56.

Nonguères, peu.

Nourrir, élever. « Comme sienne la nourrir. » P. 18. «Simple fille nourrie aux champs. » P. 26.

NYMPHES, femmes tenant de la divinité et de l'humanité, et personnifiant certaines forces de la nature. Les *Uranies* présidaient aux astres, les *Potamides* aux fleuves, les *Épimélides* (p. 87) aux prairies et aux troupeaux, etc.

Orée, bord, lisière.

Oût (l'), le mois d'août, l'été.

PAN, fils de Jupiter et de Callisto, présidait aux troupeaux et aux pâturages. L'histoire de son amour pour Syringe ou Syrinx est racontée p. 82.

Par quoi, pourquoi.

Part (de sa), de son côté.

Passion, souffrance, agitation. «Ils eurent même passion qu'auparavant. » P. 37.

Patins, sorte de souliers.

Penser, s. m. Pensée.

PENTHÉE, roi de Thèbes, s'opposa au culte de Bacchus, et fut mis en pièces par sa mère et ses deux tantes, un beau jour qu'elles étaient en train de fêter le dieu du vin.

Pertuiser, percer, trouer.

Petit (un), un peu.

Peur, de peur.

Pieds (en), debout.

Plaisamment, agréablement.

Plaisant, agréable. « Un plaisant instrument de musique. » P. 83.

Porter, comporter. P. 154.

Possible, peut-être.

Pour, à cause de, par suite de. « Pour ma vieillesse. » P. 52.

Pour autant, d'autant plus.

Pource que, parce que.

Pourchas, recherche, poursuite.

Pourtant, ainsi, par conséquent. « Pourtant ne t'afflige point. » P. 72.

Premier, premièrement. « Comme celui qui lors premier expérimentoit les étincelles d'amour. » P. 33.

Prendre (se), se mettre à... « Et se prirent les brebis à paître. » P. 48.

Prime-vère, printemps.

Quant et, avec.

Quant et quant, avec, en même temps, du même coup.

Que, ce que. « Cherchant en soi-même que c'étoit d'amour. » P. 28.

Rebailler, rendre, redonner.

Recorder, se rappeler.

Recourir, secourir. P. 104.

Remémorer, se rappeler.

Rustaut, paysan grossier.

Satyres, dieux champêtres, qu'on représente avec des oreilles et des pieds de bouc.

Sauteler, sautiller, bondir.

Sauter en pieds, se lever vivement.

Sauveté (à), hors de péril.

Sayon, espèce de casaque.

Scythie, vaste région qui comprenait tous les pays septentrionaux de notre hémisphère étrangers à la civilisation des anciens.

Seille, seau, baquet.

Sémèle ou Sémélé, fille de Cadmus ; fut aimée de Jupiter, qui la rendit mère de Bacchus.

Semondre, inviter, convier.

Seoir, asseoir.

Si, ainsi. « Si lui fut avis. » P. 72. — De telle sorte. « Si qu'un enfant hors du maillot atteindroit aux grappes. » P. 50. — Pourtant, néanmoins. « Et si n'ai rien de leur senteur. » P. 30.

Soève, doux. « L'air tout embaumé soève à respirer. » P. 38.

Soèvement, doucement.

Soulas, plaisir, jouissance.

Souloir, avoir coutume. « La panetière dont ils souloient tirer leur manger. » P. 92.

Souventes fois, souvent.

Sur tous, de préférence.

Syringe ou Syrinx. Voyez son histoire, p. 82.

Tect, toit, désigne ici l'étable de divers animaux. Ordinairement on n'applique ce mot qu'à la loge où l'on enferme les cochons : « Un toit à porcs. »

Tirer, traire. « L'ayant trouvée qui tiroit ses brebis. » P. 122.

Tirer outre, s'en aller.

Tirouers, bassins à traire les brebis. P. 156.

Tourteau, sorte de gâteau.

Tout beau, doucement.

Toute nuit, toute la nuit durant.

Travailler (se), se donner du soin, de la peine.

Trop mieux, d'autant mieux. P. 101.

Trop plus, plus, beaucoup plus.

Tyr, aujourd'hui *Sour*, ville de Syrie.

TYRRHÉNIENS. Furent changés en dauphins par Bacchus. Voy. p. 127.

Varlet, valet. P. 140.

VÉNUS, déesse de la beauté, fille de Jupiter, femme de Vulcain, mère de l'Amour, eut des bontés pour la plupart des dieux et pour un grand nombre de mortels.

Verde, verte.

Voir, essayer, tâcher. « Pour voir d'être belle comme lui. » P. 26.

Voire, vraiment, même.

TABLE DES MATIÈRES.

7875-9-26. — Paris. — Imp. Hemmerlé, Petit et Cⁱᵉ.

www.ingramcontent.com/pod-product-compliance
Lightning Source LLC
Chambersburg PA
CBHW072006040426

42447CB00009B/1514

9 782329 084633